河北省满城县耕地资源评价与利用

◎ 朱银香　王　红　等　编著

中国农业科学技术出版社

图书在版编目（CIP）数据

河北省满城县耕地资源评价与利用 / 朱银香，王红等编著 .—北京：中国农业科学技术出版社，2014.5

ISBN978-7-5116-1607-4

Ⅰ. ①河… Ⅱ. ①朱…②王… Ⅲ. ①耕地资源－资源评价－满城县②耕地资源－资源利用－满城县 Ⅳ. ① F323.211 ② F327.224

中国版本图书馆 CIP 数据核字（2014）第 068843 号

责任编辑 李 雪 梁 虹 胡 博
责任校对 贾晓红

出　　版 中国农业科学技术出版社
北京市中关村南大街 12 号　　邮编：100081
电　　话 (010) 82106626　82109707（编辑室）(010) 82109702（发行部）
(010) 82109709（读者服务部）
传　　真 (010) 82106650
网　　址 http://www.castp.cn
经　　销 各地新华书店
印　　刷 北京富泰印刷有限责任公司
开　　本 787mm×1092mm　1/16
印　　张 8.5
字　　数 180 千字
版　　次 2014 年 5 月第 1 版　2014 年 5 月第 1 次印刷
定　　价 46.00 元

《河北省满城县耕地资源评价与利用》

编　委　会

主　　任：康文齐

副 主 任：路大旗　王造堂　朱银香

委　　员：柳红霞　王　月　葛福顺　张金河

编写人员

主　　编：朱银香　王　红

副 主 编：张瑞芳　王　月　柳红霞　周大迈

参编人员：葛福顺　张爱军　张金河　王景鹤
刘新颖　刘冬梅　杜宏伟　康金河
冯福东　张建忠　王会民　范建新
白　强　侯晓晖　杨洪涛　王国彬
梁　虹　姬惜珠　王福耀　何艳池
弓运泽　张佳琪　朱子龙　张小桐

前　言

土地是人类社会最基本的农业生产资料。耕地资源的数量和质量，对农业生产的发展、人类物质水平的提高、乃至对整个国民经济的发展都有巨大的影响。新中国成立以来，我国先后开展的两次土壤普查，为我国国土资源的综合利用、改革施肥制度、满足粮食需求做出了重大贡献。但第二次土壤普查距今已 30 余年，我国的农村经营体制、农业耕作制度、农作物品种、种植结构、产量水平、肥料和农药的使用都发生了很大的变化。特别是进入 21 世纪后，又面临着资源短缺、人口增加、生态环境破坏的巨大压力和工业化、城镇化发展的严峻挑战，对我国农业发展提出了更高的要求。保障粮食安全，实现农业和农村经济的可持续发展，就必须摸清耕地资源底数，掌握耕地质量状况，因地制宜地搞好资源保护和综合利用。为此，农业部于 2005 年开展了测土配方施肥试点工作，2009 年，河北省满城县被列为国家级测土配方施肥项目县。

测土配方施肥，是一个科技含量高、技术要求严、涉及部门多、持续时间长的试点性项目。满城县在河北省土壤肥料总站、河北农业大学山区研究所、河北省农业科学研究院、保定市农业局等技术、教学、科研部门的精心指导和无私帮助下，经过农业技术人员的共同努力，圆满完成了测土配方施肥项目预定的目标任务。

满城县耕地地力评价是在实施“测土配方施肥补贴项目”的基础上进行的。项目实施以来，在河北省、满城县农业行政主管部门的正确领导下，以河北省土壤肥料总站、满城县土壤肥料工作站及河北农业大学专家教授为技术依托，采用 GPS 定位，完成土壤样品采集 3 334 个，每个土壤样品分别化验土壤有机质、全氮、速效磷、速效钾、铁、锰、铜、锌（部分化验缓效钾、有效硫、有效硼）等土壤养分及其他属性 11 项，取得有效数据 30 760 个；完成“3414+1”试验和肥效校正试验共 60 个；制定了满城县主要粮食作物的施肥分区图及测土配方施肥指标体系；建立了满城县耕地资源信息管理系统以及满城县测土配方施肥管理系统；编写了《满城县测土配方施肥项目技术报告》；编绘了满城县耕地地力分等定级图、满城县耕地土壤养分图集。在此基础上，开展县级耕地地力评价工作，编写了《满城县耕地资源评价与利用》。

通过实施测土配方施肥项目和耕地地力评价工作，查清了满城县土壤耕层养分状况，提出了不同区域、不同作物、不同肥力条件下的施肥配方，为今后实施因土种植、因土施肥、因土管理提供了依据，对提高满城县农业生产经济效益，全面提升农产品质量和数量，保护农田生态环境具有重要作用。

在项目实施过程中，河北农业大学、河北省土壤肥料总站、保定市土壤肥料站及专家顾问组，都给予了大力的帮助和指导，对此表示感谢。

由于业务水平有限、技术力量薄弱，错误和不妥之处难免，请领导和各级同行批评指正！

《河北省满城县耕地资源评价与利用》编委会

2013 年 5 月

目　　录

第一章　自然与农业生产概况

第一节　自然概况

一、地理位置与行政区划

满城县位于太行山东麓的山麓平原上，河北省中部，保定市西北部，北同易县接壤，南与清苑县相邻，西与顺平交界，东与保定市郊、徐水县相连。地处东经 114° 56′ 53″（长角台禅堂沟）～ 115° 32′ 10″（徐河桥），北纬 38° 43′ 55″（三思庄）～ 39° 07′ 35″（李庄北山）。境内东西直线长 50.6 km，南北长 43.75 km，总面积 629.61 km^2。满城县下辖 5 镇 7 乡，183 个行政村，2011 年总人口 39.1 万，农业人口 27.2 万。满城县土地总面积 629.61 km^2，其中，耕地 2.34×10^4 hm^2（含已划为保定市高开区的贤台乡总耕地面积为 2.51×10^4 hm^2）。满城县地理位置优越，位于保定市西北 20 km，距北京市不足 200 km，南到省会石家庄 140 km，东到天津 200 km，位于京、津、石三角地带，交通便利，京广铁路、107 国道、保涞、保易、保阜公路、张石高速纵贯满城县。

图 1–1　满城县地理位置示意图

二、自然气候与水文地质

（一）气候条件

满城县属于暖温带半湿润半干旱季风性气候，四季分明，雨热同期，春季干燥多风，夏季炎热多雨，秋季风和气爽，冬季寒冷少雪。大陆性季风气候显著，年平均气温 12.3 ℃，无霜期 190 d，日照时数 2 722 h，全年 ≥ 10 ℃有效积温 4 236℃，年平均降水量 535 mm，降水量时空分配不均，其中，6、7、8 月份最多，占全年降水量的 70% ～ 73.6%。

（二）水文地质

1. 地上水

历史上，满城县境内地上水资源丰富，界河、漕河、龙泉河及一亩泉河，常年流水不断，坑塘常年有水。由于连年干旱，加上降水逐渐减少等原因，满城县境内河流、坑塘逐渐干涸。现存的龙门、马连川两座水库，其中，马连川水库已干涸，龙门水库存水量也很有限，不能供给农业用水。自然灾害由历史上的旱涝交替逐步演变成了以干旱为主的自然状况，因此，干旱已成为影响当前农业生产的主要障碍因素，风雹灾害也时有发生。

（1）河流　满城县境内河流主要有漕河、界河、龙泉河及一亩泉河。漕河位于县城北部，为过境河流，发源于易县西南五回岭口子村北，经狼牙山脚下，由龙门入满城县境，流经县域北部神星、大册营、要庄、贤台等乡镇，沿河分布 38 个村庄，东至东庄店出境，境内河流段长 28.8 km，河床最大宽度 300 m，行洪安全限泄量在龙门水库建成后确定为 300 m^3/s。界河源于易县西南山区，由龙潭水库蜿蜒 15 km 而下，汇入流域面积 106 km^2，至车厂村西入满城县境，主河道过境长度 43 km，河床最宽处 400 m，域内汇流面积 186 km^2。界河系山区季节性河流，汛期遇暴雨，洪水陡涨陡落，夏秋河水长流，冬春自上而下逐段枯竭。龙泉河位于县域南部，系界河下游河道，在满城县境内长 7.8 km，汇流面积 18 km^2，河道可以承受的安全泄洪量为 1 157 m^3/s，可抵御 10 年一遇洪水的防洪能力。一亩泉河在满城县过境长度 6 km，流域面积 119 km^2，为县城东部洪沥水的主要出路。

（2）坑塘洼地　由于河流冲刷堆积和人工影响，满城县境内大大小小的坑塘和洼地星罗棋布。据 1998 年统计，境内有大小洼地、坑塘总面积 0.83×10^4 hm^2。由于多年干旱少雨及垃圾填埋，目前仅少部分保留。

2. 地下水

满城县地下水属大清河水系，水质矿化度低，水质好，地下水平均埋深 65 m，开采深度 80 ～ 120 m，含水层平均厚度 38 m，第一含水组埋深 10 ～ 30 m，第二含水组底板界限 80 ～ 120 m，含水层厚度 30 m，水质符合灌水标准，适宜农田灌溉，水质可以满足开发要求。

满城县地下水根据埋藏条件、富水性、成井深度及开采难易程度，分为 3 个区：一是低山区和丘陵贫水区：包括西部刘家台乡、坨南乡、石井乡一部分，面积 141 km^2，山间河谷地带成井深度 30 ～ 65 m，岩石构造带深度 100 m 以上；二是山前丘陵深井区：包括神星镇、满城镇西部、西南部分村、石井乡、白龙乡、大册营部分，面积 243 km^2，成井深度 120 ～ 180 m；三是平原机井区。根据成井深度、富水性及地下水埋深不同，平原机井区又可分 3 个亚区：Ⅰ区包括大册营镇、要庄乡、贤台乡，地下水埋深 8 ～ 10 m，成井适宜深度在 40 ～ 80 m，含水层岩性为细、中粗沙，含少量砾卵石，含水层厚约 10 ～ 15 m，开采对象为潜水—承压水；Ⅱ区包括满城镇东南一部分，南韩村镇西北一部分，地下水位埋深在 20 ～ 25 m，成井适宜深度为 80 ～ 100 m，含水层岩性为沙砾卵石，含水层厚 15 ～ 40 m；Ⅲ区包括方顺桥镇、于家庄乡，地下水位埋深 10 ～ 20 m，成井适宜深度 45 ～ 80 m，含水层岩性为中沙、含砾石，含水层厚 15 ～ 40 m。

地下水类型：满城县地下水化学类型属碳酸盐钙型水，酸碱度在 7.36 ～ 7.75，属中性水。水质较好，适宜于生活用水及农田灌溉。

满城县水资源年平均可开采量 14 220 万 m^3。目前，由于工农业生产不断发展，水资源连年超采，每年超采约 5 413 万 m^3，加之近几年来，持续干旱，地下水补给较少，致使地下水位连年下降，地下水位埋深逐年下降。据 2011 年统计资料，满城县多年平均降水量为 535 mm，水资源总量为 21 351 万 m^3，地下水资源总量为 16 020 万 m^3。满城县年用水量为 20 242 万 m^3，用水结构比例为：农业 55.3%，工业 11.1%，生活 5.0%，保定市水源区取水 28.6%。基于满城县地下水条件，目前，既无蓄水工程，又无地表水配套工程，各项用水全部依赖提取地下水，致使地下水严重超采，水资源供需矛盾越来越大。

灌溉面积的扩大和城镇化的迅速扩张导致了地下水资源被大量开采。满城县境内现在没有天然地表水，人们的生产生活用水主要是依靠地下水的开采。随着工农业生产和城乡建设对水需求量不断增加，地下水的开采量逐年增加，导致地下水位持续下降。另一方面，由于城镇废污水的大量排放，不仅污染了地表水体，还影响到地下水质。水质污染不仅降低了水资源的利用价值，甚至给人民生活带来危害。科学有效地管理与保护地下水资源，是当前满城县的一项十分紧迫的任务。

保护地下水资源的措施大致有以下几个方面。

（1）贯彻执行国家水法、水污染防治法和其他有关水源保护法规。统一管理、调度和计划开采、分配使用地下水。

（2）控制耗水量大的工业发展及县城人口的急剧增长，采用城乡生活节水装置，普遍实施中水道节水措施，以节约城乡生活用水。

（3）在农业上采用水泥、石块、三合土与塑料薄膜等衬砌渠道，用地下输水管道代替输水明渠，用喷灌、微灌代替大水漫灌等方法以节约农业用水。要科学合理地施用化肥、农药与农家肥，以防止农业生产污染地下水。认真做好建设项目的地下水环境影响评价工作，以保障地下水源不遭受工业等行业的污染。积极开展地下水水质监测工作。

三、地形地貌

满城县境自西北向东南呈狭长形，地势西北高，东南低，海拔高度 10.57 ～ 16.5 m，南北呈长条形，地形呈“十”字形分布。境内有低山，丘陵和平原，地形地貌较为复杂。西北部为山区，东南部为太行山东麓洪冲积平原，西部与易县交界处有千米以上的山峰两座，其中，大牛山海拔 1 038 m，为满城县海拔最高点。中部为太行山隆起带与华北平原沉降带的交接区，低山和丘陵也大体呈东北向条带状分布，区内多分布与东南向为主的黄土沟壑，其间很多浅沟已经人工改造和垦殖。地面海拔高程在 30 ～ 70 m，是山区和平原的过渡带。南部和东部为冲积平原，地势开阔，地形平坦，县南部地面标高 40 ～ 25 m，平均坡度 1/630。满城县东部地面标高 35 ～ 20 m，县界边缘徐河桥最低 16.5 m，平均地面坡度约为 1/800。

在地质构造上，满城县属山西中台隆起边缘，基本属于新华夏构造体系。岩层倾角平缓，褶皱轻微，以垂直升降运动为主。地质构造以北东—南西向断裂为主，大致相平行的高角度断裂在宏观上垂直地形坡降呈阶梯状分布，方向稳定，常有岩脉充填。北西—南东方向断裂次之，它随地形出露，呈地堑式断裂，被前一组断裂切割，交叉排列成雁行；近于东西向和南北向的断裂很少，只有杨庄村北和赵庄村南分布两条近东西向断裂，杨庄西北有一条南北向的断裂，石板山村东有两条环状断裂。

四、土地资源概况

（一）土地利用现状

满城县地处太行山东麓，河北省中部平原，县域辖区总土地面积 629.61 km^2，其中，耕地 2.34×10^4 hm^2（含已划为保定市高开区的贤台乡总耕地面积为 2.51×10^4 hm^2），农业人口人均耕地 0.064 hm^2，人多地少矛盾日益突出。

常年粮食作物总播种面积为 2.84×10^4 hm^2，总产量 17.9 万 t；豆类播种面积 293.33 hm^2，年产量 0.067 万 t；薯类播种面积 0.15×10^4 hm^2，年产量 1.05 万 t；油料播种面积 833.33 hm^2，年产量 0.27 万 t；棉花播种面积 400 hm^2，年产量 0.048 万 t；瓜果类播种面积 0.34×10^4 hm^2，年产量 10.4 万 t；果树面积 0.7×10^4 hm^2，果品产量 13.5 万 t。草莓、蔬菜、水果种植为满城县特色产业，蔬菜种植面积 0.55×10^4 hm^2，草莓种植面积 0.33×10^4 hm^2 左右。

（二）土地开发利用中存在的问题

1. 城镇化用地日益增加，耕地数量逐年减少，人多地少的矛盾日益突出

近年来，随着满城城镇化进程的加速，城区面积不断扩大，居民点和交通建设占用大量耕地，非农建设一旦占用耕地，耕作层复原的可能性很小，地力很难恢复。

2. 农业用地的深度开发不够，土地生产力水平低

从耕地利用情况来看，中低产田仍然存在，产量较高地区的耕地也还有相当大的增产潜力。不少地方的农作物种植布局不合理，土地利用粗放、效益低，生产潜力没有得到充分发挥。

3. 土地污染严重，土质恶化

由于工厂排污和农民生活垃圾随意排放或露天堆积，致使废弃物在土壤中长期积累，对土壤造成一定程度的污染和破坏。城镇居民的生活垃圾大多采取集中外运，运至乡村或城乡结合处以堆积、填埋或焚烧的形式处理，不仅占用了耕地，还给周围土壤造成了相当大的污染，生态环境遭到了极大的破坏。

五、土壤类型

按照《全国第二次土壤普查工作分类暂行草案》和《河北省土壤分类暂行草案》土壤分类系统分类统计，满城县共有褐土、潮土和草甸土 3 个土类，褐土性土、碳酸盐褐土、草甸褐土、淋溶褐土、潮土、草甸土 6 个亚类，8 个土属，28 个土种，主要土壤类型为褐土，占 94.68%。

（一）褐土

褐土是满城县的地带性土壤，占土壤面积的 94%。发育在冲积扇的中上部，成土母质多为黄土和冲积母质。由于地势较高，排灌良好，地下水位较低，加之受到气候条件的影响，在土壤发育过程中，既有碳酸钙的淋溶淀积，又有地下水的参与过程，由于受到淋溶作用，在土壤的心土层常有黏化现象，质地较重，并有假菌丝体和砂姜层，形成了褐土的典型特征。满城县受石灰岩的影响，土壤为石灰性土壤，碳酸钙的含量较多。由于降雨的作用，土壤表面和上层的钙受雨水的淋洗、淀积，在剖面的下部形成了假菌丝钙积层和砂姜层。由于地下水上升和下降，产生氧化还原作用，形成铁锰结核和锈纹锈斑，这样就形成了满城县土壤具有褐土的特征。

褐土的成土母质主要是第四纪洪积冲积物，太行山麓的黄土物质经洪水搬运堆积形成次生黄土母质和洪冲积母质。另外，山地岩石经过风化作用形成的土壤未经搬动，残留在山地表面，成为残坡积母质。根据母质的不同和碳酸钙的淋溶淀积及地下水有无参与成土过程，把褐土分为四个亚类。

1. 淋溶褐土

主要分布在800 m以上的高山上，满城县只分布在长角台乡，面积也只有12.87 hm^2。由于海拔高度高，温差大，岩石风化层残留在山上，土层较厚，降水量较多，淋溶作用强，碳酸钙基本被淋溶彻底，所以，有淋溶褐土的特征。

2. 褐土性土

分布在满城县大小山头上。风化作用小，土层薄，残留在山表面上，没有形成土壤层次。降雨量较小但产生径流造成了水土流失，淋溶较差，是一种发育不完全的土壤。由于颜色鲜艳，也具有褐土的特征。

3. 碳酸盐褐土

主要分布在山前平原上，由太行山麓的黄土物质经搬运堆积而成，多为次生黄土母质。碳酸盐褐土区，由于洪水的冲积和地表流水的侵蚀，形成的切沟较多，深沟两旁的黄土壁立，颜色鲜艳，多呈棕褐色。由于地势较高，地下水位较低，地下水不曾参加成土过程。由于受到碳酸钙的淋溶淀积作用，剖面低土层分布有大量假菌丝体，通体石灰反应强烈，具有典型的褐土特征。满城县旱地大多为此类土壤。

4. 潮褐土

多发育在洪冲积母质上。由于地下水位较高并参与成土过程，在剖面底土层有锈纹锈斑、铁子，而且由于碳酸钙的淋溶淀积作用，剖面中上部有假菌丝体和砂姜层，土壤颜色较暗，呈棕色或灰棕色。它处于褐土和潮土之间，是过渡阶段，这部分土壤地势平坦，水源较充分，为满城县的高产田土壤，主要分布在满城县东南的耕作土壤上。

（二）潮土

潮土多为河流冲积、洪冲积母质形成的土壤。一般河流冲积母质多为沙壤质，沙壤质土壤通透性好，水分上升和下降均较快，土壤的潮土化过程速度相应较快。而洪冲积母质由于冲积距离较远，导致土壤颗粒较黏，一般质地较重。满城县由于地下水位的逐年下降，土壤盐碱化的程度越来越小，没有盐化潮土的特征，只具有典型潮土的一般特征。

（三）草甸土

形成于满城县山谷河流两侧的潮土类型，为区别于平原的潮土而单列一个土类，主要特征多是河流冲积母质，地下水位埋深于1～3 m，心土有潜育化现象，层次不如潮土明显。

六、植被

（一）人工植被

满城县人工植被种类较多，已建成粮棉、水畜、林果、草莓、瓜菜五大基地，草莓、磨盘柿、雪桃、红岗山桃等特色种植远近闻名，是“河北草莓之乡”、“中国磨盘柿之乡”。

主要人工植被有：

1. 粮食作物

主要有冬小麦、玉米 、谷子、薯类等。

2. 经济作物

有棉花、豆类、花生、蔬菜等。

3. 林木

多为人工种植，主要树种有杨树、柳树、槐树、榆树、桐树、柏树、椿树、苹果树、桃树、李树、杏树、梨树、柿树等。

4. 花卉类

如牡丹、芍药、迎春、菊花等。

（二）野生植被

满城县野生植物种类比较多，有百余种，绝大多数属于对农业生产有害的田间杂草。

1. 草本类

主要有莎（*Cyperus rotundus* L.）、茅草（*Imperata cylindrica* (L.) Beauv）、莠 (*Setaira viridis* (L.) Beauv)、蒿类（*Artemisia*）、苜蓿（*Medicago sativa* L.）、地肤 (*Kochia scoparia*)、涩蔓（*homo adstringit*）、蒺藜（*Tribulus terrestris* L.）、苍耳（*Xanthium sibiricum* Patr.）、三棱草 (*Cyperus rotundus*)、两栖蓼（*Polygonum amphibium* L.）、节节草（*Equisetum ramosissimum* Desf.）、芦草（*Phragmites australis* (Cav.) Trin.ex Steud）、稗草（*Echinochloa crusgalli* (L.) Beauv.）、刺菜（*Cirsium setosum*）、狗尾草 (*Setaira viridis* (L.)Beauv)、苦荬菜（*Artemisia apiacea*）、龙葵（*Solanum nigrum*）、曼陀罗（*Datura stramonium* L.）、野薄荷 (*Mentha haplocalyx* Briq.)、蒲公英 (*Taraxacum*)、小旋花（*Calystegia hederacea*）、沙蓬（*Agriophyllum squarrosum*）、黄蒿（*Artemisiascoparia* Waldst.EtKit）等。

2. 灌木类

有酸枣 (*Ziziphus jujuba var.spinosa*(Bunge)Hu)、杞柳 (*Salix purpurea*)、红白柳条（*Salix purpurea* L. var. *longipetiolata* C. Y. Yu）、荆条（*Vitex negundo var.heterophylla*）、紫穗槐（*Amorpha fruticosa* L.）、柽柳 (*Tamarix chinensis*) 等。

七、自然灾害

随着全球气候变暖，气候对农业生产的影响越来越大，农业自然灾害总体呈加重趋势。

满城县作物生长季节光热资源丰富，雨量充沛，利于作物生长发育。但生产要素尤其是降水的年际间变幅较大，季节分配不均，因而旱涝灾害时有发生。此外，风雪、低温、干热风等自然灾害发生频繁，不断给农业生产造成损失。

为减轻自然灾害产生的危害程度，推动农业可持续发展，今后的工作重点应该从以下几方面入手。

1. 加强田间基础设施建设与完善配套，提高农业抗旱、排涝能力

针对田间基础设施薄弱地区，开展田间微型节水工程建设，平整土地，改造畦块，完善田间灌溉末级渠系，配置田间软管送水、喷灌、滴灌等节水灌溉设备，提高农田灌溉的调控能力。

2. 因地制宜调整种植结构，变对抗性种植为适应性种植

针对干旱、风雪、低温等自然灾害，选用耐旱、耐低温的作物品种，改革种植制度，努力提高作物生理需求与环境因素的时空一致性，变对抗性种植为适应性种植，提高作物适应自然环境的能力。

3. 建立健全技术服务体系

加强节水技术培训等抵御自然灾害能力的技术培训，建立健全农田节水、新品种栽培等的技术推广机构，培养造就一支高素质农业生产技术推广队伍。针对不同区域，完善技术服务手段，规范进行不同类型区的农业防灾、抗灾技术宣传。

第二节　农村经济概况

一、农村经济发展现状

（一）农业现状

满城县 2011 年总人口 391 297 人，农业人口 271 699 人，非农人口 49 598 人。第一产业增加值 149 920 万元（其中，农业增加值 110 361 万元、林业增加值 1 710 万元、牧业增加值 35 503 万元、农林牧渔服务业增加值 1 693 万元）。小麦总产量 78 354 t，玉米总产量 89 067 t，大豆总产量 536 t，油料总产量 2 705 t，棉花 481 t，蔬菜 268 733 t，水果 135 000 t，肉类总产量 22 347 t，猪牛羊肉 19 546 t，奶产量 32 645 t。当年农机播种面积 25 000 hm^2，占农作物总播种面积的比重达 64.6%。机械收获面积 16 400 hm^2，占农作物总播种面积的比重达 42.4%。农村用电量 21 417 万（kW·h）。2011 年满城县农业生产投入及面积一览表见表 1–1。

表 1–1　满城县 2011 年农业生产投入及面积

项　目	单　位	数　量
化肥施用量	折纯量 t	12 734
农药使用量	t	687
地膜使用量	t	475

（续表）

项　目	单　位	数　量
农村用电量	（kW·h）	21 417
农作物总播种面积	hm^2	38 650（小麦 12 725、玉米 13 556.7、大豆 219.1）
粮食播种面积	hm^2	28 414.5
油料播种面积	hm^2	830.7
棉花播种面积	hm^2	439
蔬菜播种面积	hm^2	5 540.6

1980—2011 年，满城县粮食产量由 9.2 万 t 增加到 17.9 万 t，增长了 1.9 倍，油料总产量由 375.4 t 增加到 2 705 t，增长了 7.2 倍，猪牛羊肉产量由 4 373 t 增加到 19 546 t，增长了 4.5 倍，农业产业化率达 58.5%。目前，共有保定市级重点龙头企业 15 家，农民组织化程度不断提高，相继组建了包括种植、养殖、农产品加工等多种农村合作经济组织 186 个，有力促进了农业增产和农民增收。培育并生产出方顺桥镇草莓、蔬菜、韩村镇天乐葡萄等为代表的一批优质农产品。满城县 2002—2011 年指标变化对比见表 1–2。

表 1–2　满城县 2002—2011 年指标变化对比

指　标	2002	2003	2004	2005	2006	2007	2008	2009	2010	2011
第一产业（万元）	63 878	66 974	82 996	85 076	90 903	100 866	119 500	124 899	140 468	149 920
农林牧渔业总产值（万元）	1 635	120 040	150 989	153 376	161 224	177 069	211 114	214 886	241 882	267 069
耕地面积（hm^2）	21 760	23 809	23 610	23 466	23 314	23 270	23 216	23 393	23 398	23 430
有效灌溉面积（hm^2）	24 078	23 288	21 343	21 251	21 142	21 185	21 045	19 268	21 030	21 056
粮食总产量（t）	145 666	177 246	156 663	161 106	160 254	161 394	166 502	170 253	171 723	179 139
棉花总产量（t）	426	510	482	502	501	343	414	472	473	481
油料总产量（t）	2 251	3 181	2 525	2 508	2 532	3 491	2 634	2 656	2 656	2 705
畜肉总产量（t）	19 695	21 917	22 345	23 458	23 447	16 112	16 750	17 319	18 144	19 546
禽蛋产量（t）	40 531	40 202	34 155	32 765	33 640	27 595	35 761	35 791	36 005	36 763
农民人均纯收入(元)	3 197	3 347	3 687	3 894	4 140	4 443	4 843	5 304	5 784	7 457

（二）种植业

满城县是国家商品粮基地之一，盛产玉米、小麦、草莓、大豆、花生、薯类、棉花、瓜菜等多种农作物。2011 年，满城县农作物播种面积 2.84×10^4 hm^2，农业总产值 160 642 万元。2002—2011 年满城县主要农作物播种情况见表 1–3。

表 1–3　满城县 2002—2011 年主要农作物播种面积和单产

项目年度	粮食作物		果树作物		油料作物		蔬菜作物	
	面积（hm^2）	单产（kg/hm^2）	面积（hm^2）	单产（kg/hm^2）	面积（hm^2）	单产（kg/hm^2）	面积（hm^2）	单产（kg/hm^2）
2002	28 495	4 665	5 529	14 505	808	3 840	9 234	31 080
2003	27 488	5 565	5 550	14 625	823	3 120	5 341	36 690
2004	28 481	5 430	5 818	14 385	826	3 225	5 644	36 660
2005	28 385	5 595	6 054	15 615	827	3 195	5 620	36 060
2006	28 009	5 625	6 080	17 115	819	3 255	5 757	36 420
2007	28 027	5 610	6 271	18 165	781	3 240	5 545	45 045
2008	28 611	5 820	6 687	18 300	826	3 360	5 563	46 125
2009	28 499	5 970	5 799	21 000	818	3 240	5 551	46 110
2010	28 420	6 045	6 858	18 960	817	3 255	5 573	47 070
2011	28 414	6 300	6 978	19 350	831	3 255	5 541	48 510

草莓为满城县特色产业，种植面积 0.30×10^4 hm^2，年产草莓 93 232 t，种植面积和产量均列河北省前茅。草莓产值 36 118 万元，销售产值 36 000 万元。农民人均纯收入来自草莓的有 2 600 元，占 35%；草莓销售额达 100 235 万元。

满城县是“全国优质草莓生产基地县”，河北省首批“一县一业一园”科技示范工程县。满城县重点在延长草莓产业链上下功夫，做强做大草莓“蛋糕”，并成立了保定市草莓科技专家工作站，采用“专家 + 推广机构 + 农户”的工作模式，聘请北京林果所、河北农业大学等科研院所的专家传授技术。为了扩大产业优势，满城县规划建设了草莓产业核心示范园。同时，在乡村建立了 16 个草莓综合技术服务站，覆盖了满城县所有草莓主产区。

满城草莓以鲜销为主，鲜果主要销往保定市、北京市、天津市、石家庄市、内蒙古自治区、山西省以及东北三省，销量约为总产量的 80%，近 20% 果品用于加工。主要加工产品是草莓酱、草莓酒、草莓汁及速冻草莓、冻干草莓。

（三）林果业

围绕林果产业，满城县倾力构筑“四区三带”的科技富民画卷，即突出发展草莓、葡萄、伊丽莎白瓜、地芸豆四大规模种植区和磨盘柿、苹果、桃三大生产带。截至 2010

年，涌现出了小赛、翟家佐、韩家佐等 45 个特色果蔬专业村。申请注册了“太行”、“龙居”、“红岗山”、“坨南”等 10 余个农产品商标。建成粮棉、水畜、林果、草莓、瓜菜 5 大基地，草莓、磨盘柿、雪桃、红岗山桃等特色种植远近闻名，是“河北草莓之乡”、“中国磨盘柿之乡”。

2011 年，满城县果树面积 0.70×10^4 hm^2，果品产量 135 000 t，其中，苹果 15 940 t，梨 1 175 t，桃 39 740 t，葡萄 18 138 t，杏 7 920 t，柿子 48 740 t，红枣 132 t，红果 30 t，其他 3 185 t。人工造林面积 0.17×10^4 hm^2，栽培苗（留圃）面积 380 hm^2。

（四）养殖业

满城县畜牧业持续稳定增长，发展态势良好。2011 年肉类总产量 2.234 7 万 t、禽蛋产量 3.676 2 万 t，奶产量 3.264 5 万 t。生猪存栏 6.94 万头，出栏 8.09 万头；牛存栏 15.19 万头，其中，奶牛存栏 15.19 万头，牛出栏 5.6 万头；羊存栏 0.59 万只，出栏 0.19 万只；禽存栏 15 万只，出栏 6.9 万只。满城县各类养殖专业场户达到 2 030 个，其中，养猪场户 1 300 个，养鸡场户 150 个，奶牛场户 230 个，养羊场户 350 个。初步形成了尉公、抱阳、长旺、要庄、神星、石井等奶牛小区，韩村、要庄、神星瘦肉型猪小区，眺山营蛋鸡小区和肉鸡小区养殖格局雏形。

2011 年农作物产量统计表见表 1–4 至表 1–9。

表 1–4　2011 年满城县各乡镇农作物产量统计（一）

单位名称	一、全年粮食产量				（一）夏粮产量			冬小麦		
	农作物总播种面积（hm^2）	播种面积（hm^2）	单产（kg/hm^2）	总产（t）	播种面积（hm^2）	单产（kg/hm^2）	总产（t）	播种面积（hm^2）	单产（kg/hm^2）	总产（t）
合　计	38 651	28 414	6 300	179 139	12 814	6 165	78 997	12 725	6 165	78 354
满城镇	6 632	4 569	6 915	31 606	2 237	6 390	14 293	2 227	6 405	14 260
大册营镇	4 593	3 034	5 640	17 112	1 391	6 135	8 522	1 333	6 045	8 059
神星镇	3 249	1 897	6 270	11 886	650	6 375	4 141	633	6 375	4 036
南韩村镇	6 645	5 223	7 020	36 660	2 533	6 630	16 793	2 533	6 630	16 793
方顺桥镇	5 543	4 480	6 570	29 419	2 267	6 465	14 649	2 267	6 465	14 649
于家庄乡	3 882	3 154	6 015	18 965	1 527	5 520	8 433	1 527	5 520	8 433
要庄乡	3 285	2 369	6 165	14 587	1 165	5 760	6 708	1 165	5 760	6 708
白龙乡	1 405	1 197	5 475	6 564	418	5 820	2 434	418	5 820	2 434
石井乡	1 974	1 284	5 715	7 340	334	5 985	1 996	334	5 985	1 996
坨南乡	1 152	971	3 945	3 825	275	3 525	986	274	3 435	944
刘家台乡	292	235	5 010	1 175	14	3 075	42	14	3 075	42

表 1-5　2011 年满城县农作物产量统计（二）

单位名称	（二）秋收粮食产量			秋收谷物			玉米		
	播种面积（hm²）	单产（kg/hm²）	总产（t）	播种面积（hm²）	单产（kg/hm²）	总产（t）	播种面积（hm²）	单产（kg/hm²）	总产（t）
合　计	15 600	6 420	100 142	26 581	6 315	167 968	13 557	6 570	89 076
满城镇	2 332	7 425	17 313	4 228	6 915	29 210	2 001	7 470	14 650
大册营镇	1 644	5 220	8 590	2 774	5 805	16 092	1 333	5 940	7 913
神星镇	1 314	6 210	7 745	1 737	6 315	10 976	1 100	6 300	6 930
南韩村镇	2 690	7 380	19 867	5 047	6 945	35 068	2 514	7 275	18 275
方顺桥镇	2 214	6 675	14 770	4 447	6 600	29 363	2 180	6 750	14 714
于家庄乡	1 627	6 480	10 532	3 034	5 835	17 722	1 507	6 165	9 289
要庄乡	1 204	6 540	7 879	2 322	6 180	14 350	1 158	6 600	7 642
白龙乡	779	5 295	4 130	1 144	5 415	6 194	692	5 310	3 677
石井乡	950	5 625	5 344	960	5 790	5 558	572	6 000	3 432
坨南乡	692	4 095	2 839	724	3 705	2 682	386	4 260	1 646
刘家台乡	221	5 130	1 133	165	4 575	753	113	5 295	599

表 1-6　2011 年满城县农作物产量统计（三）

单位名称	其他谷物			秋收豆类			大豆		
	播种面积（hm²）	单产（kg/hm²）	总产（t）	播种面积（hm²）	单产（kg/hm²）	总产（t）	播种面积（hm²）	单产（kg/hm²）	总产（t）
合　计	3	3 000	10	296	2 250	666	219	2 445	536
满城镇	—	—	—	19	2 625	49	19	2 625	49
大册营镇	—	—	—	79	1 335	105	59	1 545	91
神星镇	3	3 000	10	10	1 005	10	—	—	—
南韩村镇	—	—	—	16	2 625	142	16	2 625	42
方顺桥镇	—	—	—	34	1 665	56	34	1 665	56
于家庄乡	—	—	—	17	2 085	35	17	2 085	35
要庄乡	—	—	—	21	2 175	46	21	2 175	46
白龙乡	—	—	—	35	4 860	169	30	5 295	157
石井乡	—	—	—	48	2 625	127	12	3 300	40
坨南乡	—	—	—	10	1 590	16	5	1 725	9
刘家台乡	—	—	—	7	1 575	11	7	1 575	11

表 1-7　2011 年满城县农作物产量统计（四）

单位名称	绿豆			红小豆			薯类		
	播种面积（hm^2）	单产（kg/hm^2）	总产（t）	播种面积（hm^2）	单产（kg/hm^2）	总产（t）	播种面积（hm^2）	单产（kg/hm^2）	总产（t）
合　计	56	1 830	103	20	1 335	27	1 538	6 825	10 505
满城镇	—	—	—	—	—	—	323	7 275	2 347
大册营镇	7	435	3	13	825	11	181	5 040	915
神星镇	10	1 005	10	—	—	—	151	5 970	900
南韩村镇	—	—	—	—	—	—	160	9 690	1 550
方顺桥镇	—	—	—	—	—	—	—	—	—
于家庄乡	—	—	—	—	—	—	103	11 700	1 208
要庄乡	—	—	—	—	—	—	25	7 620	191
白龙乡	5	2 370	12	—	—	—	19	10 770	201
石井乡	34	2 265	78	2	4 500	9	276	6 000	1 655
坨南乡	—	—	—	5	1 440	7	237	4 740	1 127
刘家台乡	—	—	—	—	—	—	63	6 525	411

表 1-8　2011 年满城县农作物产量统计（五）

单位名称	棉花（皮棉）			油料			草莓		
	播种面积（hm^2）	单产（kg/hm^2）	总产（t）	播种面积（hm^2）	单产（kg/hm^2）	总产（t）	播种面积（hm^2）	单产（kg/hm^2）	总产（t）
合　计	431	1 110	481	831	3 255	2 705	3 040	30 675	93 232
满城镇	93	1 080	101	79	2 955	232	—	—	—
大册营镇	58	855	50	83	3 375	279	—	—	—
神星镇	37	1 635	60	8	3 750	30	—	—	—
南韩村镇	74	1 305	96	239	3 495	834	—	—	—
方顺桥镇	43	765	33	51	3 000	153	—	—	—
于家庄乡	45	1 395	63	130	3 150	410	—	—	—
要庄乡	47	1 050	49	96	3 495	336	—	—	—
白龙乡	18	795	14	61	3 285	202	—	—	—
石井乡	16	915	15	10	4 395	46	—	—	—
坨南乡	—	—	—	58	2 820	164	—	—	—
刘家台乡	—	—	—	15	1 245	19	—	—	—

表 1-9　2011 年农作物产量统计（六）

单位名称	蔬菜			瓜类		
	播种面积（hm^2）	单产（kg/hm^2）	总产（t）	播种面积（hm^2）	单产（kg/hm^2）	总产（t）
合　计	5 541	48 510	268 733	3 434	30 300	104 060
满城镇	1 157	41 055	47 514	733	30 750	22 550
大册营镇	896	51 720	46 337	522	19 905	10 387
神星镇	947	43 245	40 939	361	23 955	8 640
南韩村镇	375	54 915	20 609	733	28 380	20 810
方顺桥镇	468	72 885	34 133	500	41 700	20 850
于家庄乡	480	66 570	31 954	73	30 000	2 200
要庄乡	406	51 390	20 867	367	37 170	13 653
白龙乡	128	34 800	4 464	—	—	—
石井乡	519	30 405	15 769	144	34 515	4 970
坨南乡	122	35 010	4 276	—	—	—
刘家台乡	42	44 550	1 871	—	—	—

（五）旅游业

绵延的草莓、水果历史，灿烂厚重的文化积淀，是满城发展保健旅游业的宝贵财富。满城紧紧围绕草莓、水果特色优势，汉墓、曹仙洞等名胜古迹等一批旅游景点，整合开发旅游资源，初步形成了“草莓、柿子、桃、葡萄旅游采摘”、“桃花节”、“金秋红叶柿子节”等全方位的旅游景象，截至 2012 年已开辟旅游景点 6 个，旅游宾馆饭店 24 家，每年接待旅游人数 20 ～ 30 万人。

二、农村劳动力投向结构

自 1991—2011 年以来，满城县农业生产劳动力文化素质逐年提高，但从事农业生产劳动力的数量有下降趋势。2011 年乡村从业人员 183 585 人，其中，男劳动力 101 852 人，女劳动力 95 745 人。通过随机抽样方法，对满城农村劳动力的投向问题进行分析，发现家庭经营、外出务工比例约为 1 ∶ 1.1。

共调查 9 个乡镇、25 个村、500 农户。被调查人口 1 963 人、劳动力 1 144 个，其中，男劳动力 610 个。

劳动力投向结构：家庭经营占 24%，外出务工占 50.8%，其中，工厂工人占 20%，建筑工占 7.9%，从事运输占 3.8%，批发零售贸易餐饮人数占 3.5%。义务帮工 1.01%，空闲时间 15.1%，其他时间 4.98%。其中，男劳动力的投向结构分别为 31.22%、52.24%、1.72%、14.81%、4.83%；女劳动力投向结构分别为 62.09%、20.07%、1.27%、16.74% 和 5.15%。

家庭经营投向结构：种植业占 40.99%，养殖业 10.07%，加工业 16.10%，服务业 8.32%，家务及基建劳动 24.52%。其中，男劳动力投向结构分别为 54.12%、10.70%、12.49%、13.82%、8.87%；女劳动力投向结构分别为 31.33%、23.49%、4.88%、4.28%、36.02%。

外出务工投向结构：从事第一产业的占 2.2%，第二产业 79.50%，第三产业 18.3%。男劳动力分别为 7.71%、80. 38%、11. 91%；女劳动力为 0.02%、42.64%、57.34%。

第三节　农业生产概况

一、农业发展历史

满城县农业生产历史悠久，1995 年以前粮食作物以小麦、玉米、甘薯、谷子、高粱为主，其次为大豆和其他杂粮。经济作物以棉花、油料作物和果树为主，次为瓜果。随着农田水利建设的发展和农业技术水平的提高，满城县农业经历了由传统农业向现代农业的转变。

1980 年粮食作物播种面积 2.98×10^4 hm^2，粮食总产 8 249 万 kg，单产 5 250 kg/hm^2，其中，夏粮播种面积 1.47×10^4 hm^2，占 49%，夏粮总产量 2 201 万 kg，占 27%；2002 年粮食作物播种面积 3.05×10^4 hm^2，粮食总产 14 566.6 万 kg，单产 4 665 kg/hm^2，其中，夏粮播种面积 1.31×10^4 hm^2，占 42.8%，夏粮总产量 6 777.8 万 kg，占 46.5%；2010 年粮食作物播种面积 2.84×10^4 hm^2，粮食总产 17 172.3 万 kg，单产 6 045 kg/hm^2，其中，夏粮播种面积 1.28×10^4 hm^2，占 45%，夏粮总产量 7 404.5 万 kg，占 43%。

1980 年在粮食作物中，小麦 1.84×10^4 hm^2，总产 2 967.2 万 kg；玉米 1.36×10^4 hm^2，总产 4 863.8 万 kg；甘薯 0.49×10^4 hm^2，总产 669 万 kg；谷子 2 838.13 hm^2，总产 541.6 万 kg；高粱 0.02×10^4 hm^2，总产 25.56 万 kg。1980 年在经济作物中，棉花 0.67×10^4 hm^2，单产 337.5 kg/hm^2，总产 225 万 kg；油料作物 447 hm^2，单产 1 162.5 kg/hm^2，总产 52.2 万 kg；草莓种植面积 24 hm^2。1990 年草莓种植面积 880 hm^2，种植面积增加了 97.3%。

进入 21 世纪，满城县县委、县政府深入贯彻落实中央一号文件精神，农业投入力度逐年加大，农业生产条件进一步改善。在粮食生产方面，标准良田项目、测土配方施肥补贴资金项目等国家级、省级项目的实施，全面提高了农业综合生产能力。伴随农业结构调整，品种布局，优化区域化，农业生产由数量增长型向质量效益型转变，农业综合生产能力不断加强，农产品市场竞争力不断提升，逐步走上农业生产可持续发展之路。

二、主要农作物种植面积与产量

满城县是国家商品粮基地之一。常年粮食总面积 2.84×10^4 hm^2，总产 17.9 万 t。小麦常年播种面积 1.27×10^4 hm^2，品种为冬性或半冬性，平均单产 6 165 kg/hm^2 左右，产量 7.835 4 万 t，播种期在 10 月 1 日至 10 日，收获期在 6 月 15 日左右。玉米主要以夏播为主，常年播种面积 1.35×10^4 hm^2，平均单产 6 570 kg/hm^2 左右，产量 8.907 6 万 t，播种期在 6 月 20 日左右，收获期在 9 月 27 日左右（表 1-10）。草莓 3 040 hm^2 左右，油料 8 307 hm^2，总产 0.270 5 万 t，蔬菜 0.55×10^4 hm^2，总产 26.8 万 t。

表 1–10　满城县 2009—2011 年主要作物面积、单产、总产、产值

项目	2009 年			2010 年			2011 年		
	面积（hm^2）	单产（kg/hm^2）	总产（t）	面积（hm^2）	单产（kg/hm^2）	总产（t）	面积（hm^2）	单产（kg/hm^2）	总产（t）
小麦	12 733	5 775	73 688	12 733	5 775	73 409	12 733	6 165	78 354
玉米	13 467	6 240	84 183	13 467	6 390	86 202	13 533	6 570	89 076
农业总产值（亿）	14.260 8			16.008 8			16.064 2		

三、农业生产条件

（一）土地资源情况

土地资源指可供农、林、牧业或其他利用的土地，是人类生存的基本资料和劳动对象。土地资源的分类有多种方法，在中国较普遍的是采用地形分类和土地利用类型分类。

（1）按地形分类　满城县土地资源可分为山地、丘陵、平原 3 类。这种分类展示了土地利用的自然基础。一般而言，山地宜发展林牧业，平原宜发展耕作业。

（2）按土地利用类型分类　满城县土地资源可分为已利用土地、宜开发利用土地、暂时难利用土地 3 类。已利用土地又分为耕地、林地、草地、工矿交通居民点用地等。这种分类着眼于土地的开发、利用及土地利用所带来的社会效益、经济效益和生态环境效益。

截至 2011 年，耕地面积 2.51×10^4 hm^2（含已划为保定市高开区的贤台乡）。果树面积 0.70×10^4 hm^2，其他林地（退耕还林）面积 0.17×10^4 hm^2，栽培苗（留圃）面积 380 hm^2。

（二）农田水利建设情况

农田水利建设是以农业增产为目的的水利工程措施建设，通过兴建和运用各种水利工程措施，调节、改善农田水分状况和地区水利条件，提高农业抵御自然灾害的能力，有利于农作物的生产。

截至 2011 年底，满城县有效灌溉面积 2.11×10^4 hm^2，农用机井 3 302 眼，节水灌溉面积 2×10^4 hm^2，占满城县有效灌溉面积的 95%，其中，管灌工程 2×10^4 hm^2，防渗管道 202.5 万 m，微滴灌 6.67 hm^2。

（三）农村劳动力资源

自 1991—2011 年以来，满城县农业生产劳动力文化素质逐年提高，但从事农业生产劳动力数量有下降趋势。2011 年乡村从业人员 183 585 人，其中，男劳动力 101 852 人，女劳动力 95 745 人，文盲半文盲有 1301 人，小学文化程度 66 553 人，初中文化程度 82 100 人，高中文化程度 30 192 人，中专文化程度 2 130 人，大专及以上文化程度 1 309 人。随着国家经济的发展，农业生产劳动力流动规模逐年增加，农业生产劳动力转移大幅增加且转移具有兼业性，大部分长期外出务工的农民，往往是既“忙外”又“忙内”，农闲时外出打工，农忙时回家耕种。

四、耕地数量与变化

耕地是人类赖以生存的基本物质资源。进入 21 世纪，人口不断增多，耕地逐渐减少，人民生活水平不断提高，保持农业可持续发展首先就要确保耕地的数量和质量。

新中国成立初期满城县耕地面积 3.66×10^4 hm^2，2011 年末耕地面积 2.51×10^4 hm^2（含已划为保定市高开区的贤台乡），50 多年间耕地总面积减少 1.15×10^4 hm^2。人口数量逐年增加，从新中国成立初期的 20.5 万人增加到 2011 年的 39.1 万人，增加了 47.5%，人均耕地面积逐年下降，已从 0.18 hm^2 下降到 0.06 hm^2。

五、耕地养分与演变

土壤养分含量因土而异，变化极大，主要取决于成土母质类型、有机质含量和人为因素的影响。土壤养分的总贮量中，有很小一部分能被当季作物根系迅速吸收，这部分的养分称有效养分；其余绝大部分必须经过生物、化学的转化作用方能为植物所吸收，这部分养分称潜在养分。一般而言，土壤有效养分含量约占土壤养分总贮量的百分之几至千分之几或更少。因而在农业生产中，作物经常出现因某些有效养分供应不足而发生缺素症的现象。进行耕地土壤养分调查分析工作，对提高作物产量、质量，保证农业可持续发展都具有重要意义。

根据国务院 [1979]111 号文件“关于开展全国第二次土壤普查工作”的精神，满城县进行了第二次土壤普查工作。第二次土壤普查自1979年开始，到1982年结束。为了查清我国耕地质量状况，推进种植业结构调整和主要农作物生产向优势区域集中，确保有限耕地资源的可持续利用，2005年首次把“推广测土配方施肥”写入党中央一号文件，2006年、2007年及2008年中央一号文件再次强调要增加测土配方施肥补贴。2009年，满城县被列为国家级测土配方施肥项目县。耕地地力评价是在实施“测土配方施肥补贴项目”的基础上进行的。通过对采集的3 334个土壤样品进行化验分析，每个土壤样品分别化验土壤有机质、全氮、速效磷、速效钾、铁、锰、铜、锌（部分化验缓效钾、有效硫、有效硼）等土壤养分及其他属性项，取得有效数据30 760个。通过与第二次土壤普查数据进行对比，发现此次（2009年）调查结果与30年前相比，土壤养分发生了很大变化。

第二次土壤普查时，满城县的土壤养分状况为：有机质、全氮、水解性氮、有效磷的含量属于中低水平，需要及时补充磷肥，速效钾含量为中等水平。

满城县第二次全国土壤普查时，有机质平均含量10.71 g/kg，以4、5级为主，占到总面积的73%，含量普遍偏低。与2009年土壤测土配方施肥数据相比，满城县有机质平均含量增至15.25 g/kg，提高了42%左右，以3级地为主，达到中等水平。

第二次土壤普查数据显示，满城县水解性氮平均含量58.19 mg/kg，2007年土壤测土配方施肥数据与第二次土壤普查数据相比，平均含量增加了20.27 mg/kg。第二次土壤普查时，满城土壤有效磷平均含量4.6 mg/kg，中低水平为主。到2009年，有效磷平均含量为17.72 mg/kg，以中高水平为主，有效磷含量普遍呈上升趋势。相比于第二次土壤普查数据，土壤速效钾平均含量由104.02 mg/kg增加到129.94 mg/kg，其中4级地（41～83 mg/kg）含量由14.73%降低到12.34%，3级地（83～124 mg/kg）含量降低到37.32%。

第二次土壤普查数据显示，土壤有效锌、有效铁、有效锰、有效铜平均含量分别为0.269、3.65、4.85、0.59 mg/kg。30年来，由于肥料的合理施用，土壤微量元素含量逐年增加。2009年测土配方施肥数据显示，土壤有效锌平均含量为1.12 mg/kg，含量多处于3级和4级地水平。土壤有效锰含量平均为4.96 mg/kg，含量级别以3级和4级为主。土壤有效铜含量平均为0.89 mg/kg，绝大面积的耕地土壤有效铜含量比较低。土壤有效铁含量平均为4.92 mg/kg，中等水平为主，占到85%。

第二章　耕地地力调查评价的内容和方法

“民以食为天，食以地为本”，人们生存要以食物为基础，而生存所需最基本的食物——农产品，又必须从耕地中获取营养。耕地是具有肥力，能生长农作物的土地，它提供着人类生产生活所必需的原料。可以说，耕地是人类赖以生存的食物的“粮食”。然而，当前城镇建设占用、耕地被污染以及耕地利用不合理、生产力低等问题普遍存在。此外，耕地地力差异普遍存在，要做到因地适宜，对耕地地力进行评价就变得十分必要，只有这样才能做到充分合理利用每一寸土地，防止耕地浪费。

满城县耕地地力调查评价工作，充分利用测土配方施肥数据，在对有关图件和相关属性数据收集整理的基础上，建立耕地资源基础数据库和县域耕地资源管理信息系统，对耕地地力进行评价，为科学施肥、改良土壤、提升耕地质量提供服务。

第一节　准备工作

一、工作组织

（一）成立领导小组及其办公室

为加强耕地地力调查与质量评价试点工作的领导，满城县成立了由主管农业工作的副县长为组长，农业局局长为副组长的满城县耕地地力调查与评价试点工作领导小组，负责组织协调，落实人员，安排资金，制定工作计划，指导调查工作。领导小组下设办公室，办公室设在农业局土壤肥料工作站，站长任主任，实行站长负责制，负责工作组织、成果汇总和业务指导等工作。

（二）成立技术组

成立了由农业局主管业务的副局长为组长的“满城耕地地力调查与评价工作技术组”负责制定技术方案，组织技术培训，技术指导，确保技术措施落实到位。

（三）成立专家组

聘请河北农业大学、土地管理等部门和河北省土壤肥料总站的专家成立“满城县耕地地力调查与评价工作专家组”，参与耕地地力、土壤环境调查与评价的技术指导，研究确立评价指标，确定各指标的权重等。

二、物资准备

配置计算机、扫描仪、手持 GPS 定位仪、地理信息系统软件。印制野外调查表，购置采样工具、样品袋（瓶），购置检测仪器设备和化学试剂等。

三、技术准备

（一）确定满城县耕地地力与土壤环境评价指标体系以及耕地质量评价体系

（二）组织建立 GIS 支持的耕地资源基础数据库，县级负责组织数据库建立和录入

（三）确定取样点

应用土壤图、土地利用现状图、基本农田保护区规划图等图件叠加确定评价单元，在评价单元内，参照第二次土壤普查采样点进行综合分析，确定调查和采样点位置。

（四）技术培训

积极参加部、省、县组织的技术培训，培训内容如下。

（1）田间调查技术　包括采样点选取、GPS 应用技术、采样技术、调查表填写等。

（2）计算机应用技术　数据录入、图件数字化、数据库建立、GIS 等。

（3）化验技能　包括样品前处理、精密仪器使用、化验结果计算、化验质量控制等。

（4）调查报告编写。

四、资料准备

（一）图件资料

（1）满城县地形图（1：50 000）。

（2）土壤图（1：50 000）。

（3）土壤养分图（1：50 000）。

（4）土地利用现状图 (1：10 000)。

（5）第二次土壤普查成果图件。

（6）基本农田保护区划区定界图 (1：10 000)。

（7）地貌类型分区图（1：50 000）。

（8）农田水利分区图（1：50 000）。

（9）行政区划图（1：50 000）。

（10）地下水位等值线图（1：50 000）。

（11）农作物种植分区图（1：50 000）相关图件。

（二）数据资料

农村及农村生产基本情况资料、土地利用资料、土壤肥料监测资料等。

（1）第二次土壤普查基础资料、土地详查资料、近 3 年粮食单产、总产、种植面积统计资料。

（2）近 3 年肥料用量统计表及测土配方施肥获得的农户地块情况调查表。

（3）土地利用地块登记表。

（4）土壤普查农化数据资料。

（5）历年土壤肥力检测资料。

（6）测土配方施肥农户调查表。

（7）测土配方施肥土壤样品化验结果表：包括土壤有机质、大量元素、中量元素、微量元素、及 pH 值、容重、代换量等土壤理化性状化验资料。

（8）测土配方施肥田间试验技术示范相关资料。

（9）县、乡、村行政区划编码表。

（三）文本资料

（1）农村及农业基本情况资料。

（2）农业气象资料。

（3）第二次农业普查的土壤志、土种志及专题报告。

（4）土地利用现状调查报告及基本农田保护区划定报告。

（5）近 3 年农业生产统计文本资料。

（6）土壤肥料检测及田间试验示范资料。

（7）其他文本资料：水土保护、土壤改良、生态环境建设、水利区划等资料。

（四）其他资料

包括照片、录像、多媒体等

（1）土壤典型剖面。

（2）土壤肥力监测点景观。

（3）当地农业生产基地典型景观。

（4）特色农产品介绍。

（5）地形地貌及地方介绍。

第二节 室内研究

一、确定采样点位

（一）确定调查单元

用土壤图（土种）与基本农田保护图以及土地利用现状图叠加产生的图斑作为耕地地力调查的基本单元。对于耕地，每个单元代表面积6.67 hm^2，根据本县的基本农田保护区内的耕地面积，确定总采样点数量。

（二）用 GPS 确定采样点的地理坐标

在选定的调查单元中，选择有代表性的地块，用GPS确定该采样点的经纬度和高程。

（三）大田调查与取样

（1）选择有代表性的地块，取土样。

（2）填写大田采样点基本情况调查表。

（3）填写大田采样点农户调查表。

在选定的调查单元中，选择有代表性的农户，调查耕作管理、施肥水平、产量水平、种植制度、灌溉等情况，填写调查表格。

（四）调查数据的整理

由野外调查所产生的一级数据（基本调查表），经技术负责人审核后，由专业人员按数据库要求进行编码、整理、录入。

在野外采样的同时，对已确定采样田块的户主，按大田、不同调查表格的内容逐项进行调查填写。野外不能完成的填写内容，在室内当天完成。所有调查结束后，由熟悉土肥、农业技术的 3 位技术人员共同对调查表格进行审核。

二、确定采样方法

耕地地力调查取样：统一在 9 月下旬到 10 月上旬秋季作物收获后取样，使用木铲、竹铲等不会影响样品的工具，采用“X”法、“S”法、棋盘法，均匀随机的采取 15 ～ 20 个采样点混合，采用四分法留取 1 kg 装袋，填写两张标签。

三、确定调查内容

大田调查分别有基本情况调查表和农户调查表两种表格，调查内容主要是：采样地

注：1 亩约等于 667 平方米，15 亩 =1 公顷。全书同。

点、土种类型、地形地貌、土壤性状、农田设施、生产性能、施肥情况、管理措施、种植制度、产量水平。

（一）立地条件

经纬度及海拔高度：由 GPS 仪进行测定，经纬度单位统一为"°"、"′"、"″"。土壤名称：按照全国第二次土壤普查时的连续命名法填写。地形部位：指中小地貌单元。

（二）土壤性状调查

土壤质地：指表层质地，按第二次土壤普查规程填写，分为沙壤、轻壤、中壤、重壤、黏土 5 级。

耕层厚度：按实际测量确定，单位统一为 cm。障碍层次及出现深度：主要指沙、黏、砾、卵石、砂姜、石灰结核等所发生的层位，应描述出障碍层次的种类及其深度。

障碍层厚度：实测或访问当地群众，或查对土壤普查资料。

（三）农田设施调查

地面平整度：按大范围地形坡度确定，分为平整（< 3°）、基本平整（3°～5°）、不平整（> 5°）。输水方式：分为提水、土渠、自流、固定管道、移动管道、简易管道等。灌溉次数：指当年累计的次数。年灌水量：指当年累计的水量。灌溉保证能力分保灌、能灌、可灌、无灌、不需灌等。排涝能力：分为强、较强、中、较弱、弱 5 级。

（四）生产性能与管理调查

家庭人口：以调查户户籍登记为准。耕地面积：指调查当年该户种植的所有耕地（包括承包地）。熟制：分为一年一熟、二年三熟、一年三熟等。种植制度分果园、棉、麦—玉 / 豆、蔬菜、瓜等，作物（蔬菜）种类及产量：指调查地块近 3 年主要种植作物及其平均产量。耕翻方式及深度：指翻耕、深松耕、旋耕、耙地、耱地、中耕等。秸秆还田情况：分年度填写近 3 年直接还田的秸秆种类、方法、数量。设施类型、棚龄或种菜年限：分为薄膜覆盖、阳畦、温床、塑料拱棚等类型。棚龄以正式投入使用算起。种菜年限指本地块种植蔬菜的年限。无任何设施的，只填写种菜年限。施肥情况：肥料分为有机肥、氮肥、磷肥、钾肥、复合肥、微肥、叶面肥、微生物肥及其他肥料，写清产品外包装所标识的产品名称、主要成分及生产企业。调查内容见表 2–1，表 2–2。

四、确定分析项目与方法

1. 测定项目

pH 值、有机质、全氮、缓效钾、有效磷、速效钾、有效态铜、有效锌、有效铁、有效锰、有效硼、有效硫。

表 2–1　测土配方施肥采样地块基本情况调查表

统一编号：＿＿＿＿＿＿　调查组号：＿＿＿＿＿＿　采样序号：＿＿＿＿＿＿

采样目的：＿＿＿＿＿＿　采样日期：＿＿＿＿＿＿　上次采样日期：＿＿＿＿＿＿

地理位置	省（市）名称		地（市）名称		县（旗）名称	
	乡（镇）名称		村 名 称		邮政编码	
	农户名称		地块名称		电话号码	
	地块位置		距村距离（m）		组 名 称	
	纬度（° ：′ ：″ ）		经度（° ：′ ：″ ）		海拔（m）	
自然条件	地貌类型		地形部位		—	—
	地面坡度（°）		田面坡度（°）		坡 向	
	通常地下水位（cm）		最高地下水位（cm）		最深地下水位（cm）	
	常年降雨量（mm）		常年有效积温（℃）		常年无霜期（d）	
生产条件	农田基础设施		排水能力		灌溉能力	
	水源条件		输水方式		灌溉方式	
	熟 制		典型种植制度		常年产量水平（kg/亩）	
土壤情况	土 类		亚类		土 属	
	土 种		俗名		—	—
	成土母质		剖面构型		土壤质地（手测）	
	土壤结构		障碍因素		侵蚀程度	
	耕层厚度（cm）		采样深度（cm）		—	—
	田块面积（亩）		代表面积（亩）		—	—
来年种植意向	茬 口	第一季	第二季	第三季	第四季	第五季
	作物名称					
	品种名称					
	目标产量					
采样调查单位	单位名称				联 系 人	
	地 址				邮政编码	
	电 话		传 真		采样调查人	
	E-Mail					

说明：每一取样地块一张表。填写方法，参见填表说明

表 2-2　农户施肥情况调查表

统一编号 ____________

施肥相关情况	生长季节		作物名称		品种名称	
	播种日期		收获日期		产量（kg/亩）	
	生长期内降水次数（次）		生长期内降水总量			
	生长期内灌水次数（次）		生长期内灌水总量（m^3/亩）		灾害情况	

推荐施肥情况	是否有推荐施肥指导			推荐单位性质			推荐单位名称			
	配方内容	目标产量（kg）	推荐的肥料成本（元/亩）	化肥（kg/亩）					有机肥	
				大量元素			其他元素		肥料名称	实物量
				B	P_2O_5	K_2O	养分名称	养分用量		

实际施肥总体情况	实际产量（kg）	实际的肥料成本（元/亩）	化肥（kg/亩）					有机肥（kg/亩）	
			大量元素			其他元素		肥料名称	实物量
			N	P_2O_5	K_2O	养分名称	养分用量		
汇总									

实际施肥明细	施肥明细	施肥序次	施肥时期	项目			施肥情况					
							第一种	第二种	第三种	第四种	第五种	第六种
		第一次		肥料种类								
				肥料名称								
				养分含量情况（%）	大量元素	N						
						P_2O_5						
						K_2O						
					其他元素	养分种类						
						养分含量						
				实物量（kg/亩）								
		第二次		肥料种类								
				肥料名称								
				养分含量情况（%）	大量元素	N						
						P_2O_5						
						K_2O						
					其他元素	养分种类						

（续表）

<table>
<tr><td rowspan="28">实际施肥明细</td><td rowspan="28">施肥明细</td><td rowspan="2">施肥序次</td><td rowspan="2">施肥时期</td><td colspan="3" rowspan="2">项　目</td><td colspan="6">施肥情况</td></tr>
<tr><td>第一种</td><td>第 二种</td><td>第三种</td><td>第四种</td><td>第五种</td><td>第六种</td></tr>
<tr><td rowspan="2">第二次</td><td rowspan="2"></td><td>养分含量情况（%）</td><td>其他元素</td><td>养分含量</td><td></td><td></td><td></td><td></td><td></td><td></td></tr>
<tr><td colspan="3">实物量（kg / 亩）</td><td></td><td></td><td></td><td></td><td></td><td></td></tr>
<tr><td rowspan="8">第三次</td><td rowspan="8"></td><td colspan="3">肥料种类</td><td></td><td></td><td></td><td></td><td></td><td></td></tr>
<tr><td colspan="3">肥料名称</td><td></td><td></td><td></td><td></td><td></td><td></td></tr>
<tr><td rowspan="5">养分含量情况（%）</td><td rowspan="3">大量元素</td><td>N</td><td></td><td></td><td></td><td></td><td></td><td></td></tr>
<tr><td>P_2O_5</td><td></td><td></td><td></td><td></td><td></td><td></td></tr>
<tr><td>K_2O</td><td></td><td></td><td></td><td></td><td></td><td></td></tr>
<tr><td rowspan="2">其他元素</td><td>养分种类</td><td></td><td></td><td></td><td></td><td></td><td></td></tr>
<tr><td>养分含量</td><td></td><td></td><td></td><td></td><td></td><td></td></tr>
<tr><td colspan="3">实物量（kg / 亩）</td><td></td><td></td><td></td><td></td><td></td><td></td></tr>
<tr><td rowspan="8">第四次</td><td rowspan="8"></td><td colspan="3">肥料种类</td><td></td><td></td><td></td><td></td><td></td><td></td></tr>
<tr><td colspan="3">肥料名称</td><td></td><td></td><td></td><td></td><td></td><td></td></tr>
<tr><td rowspan="5">养分含量情况（%）</td><td rowspan="3">大量元素</td><td>N</td><td></td><td></td><td></td><td></td><td></td><td></td></tr>
<tr><td>P_2O_5</td><td></td><td></td><td></td><td></td><td></td><td></td></tr>
<tr><td>K_2O</td><td></td><td></td><td></td><td></td><td></td><td></td></tr>
<tr><td rowspan="2">其他元素</td><td>养分种类</td><td></td><td></td><td></td><td></td><td></td><td></td></tr>
<tr><td>养分含量</td><td></td><td></td><td></td><td></td><td></td><td></td></tr>
<tr><td colspan="3">实物量（kg / 亩）</td><td></td><td></td><td></td><td></td><td></td><td></td></tr>
<tr><td rowspan="8">第五次</td><td rowspan="8"></td><td colspan="3">肥料种类</td><td></td><td></td><td></td><td></td><td></td><td></td></tr>
<tr><td colspan="3">肥料名称</td><td></td><td></td><td></td><td></td><td></td><td></td></tr>
<tr><td rowspan="5">养分含量情况（%）</td><td rowspan="3">大量元素</td><td>N</td><td></td><td></td><td></td><td></td><td></td><td></td></tr>
<tr><td>P_2O_5</td><td></td><td></td><td></td><td></td><td></td><td></td></tr>
<tr><td>K_2O</td><td></td><td></td><td></td><td></td><td></td><td></td></tr>
<tr><td rowspan="2">其他元素</td><td>养分种类</td><td></td><td></td><td></td><td></td><td></td><td></td></tr>
<tr><td>养分含量</td><td></td><td></td><td></td><td></td><td></td><td></td></tr>
<tr><td colspan="3">实物量（kg / 亩）</td><td></td><td></td><td></td><td></td><td></td><td></td></tr>
</table>

（续表）

<table>
<tr><td rowspan="10"></td><td rowspan="10"></td><td rowspan="2">施肥序次</td><td rowspan="2">施肥时期</td><td colspan="3" rowspan="2">项目</td><td colspan="6">施肥情况</td></tr>
<tr><td>第一种</td><td>第二种</td><td>第三种</td><td>第四种</td><td>第五种</td><td>第六种</td></tr>
<tr><td rowspan="8">第六次</td><td rowspan="8"></td><td colspan="3">肥料种类</td><td></td><td></td><td></td><td></td><td></td><td></td></tr>
<tr><td colspan="3">肥料名称</td><td></td><td></td><td></td><td></td><td></td><td></td></tr>
<tr><td rowspan="5">养分含量情况（%）</td><td rowspan="3">大量元素</td><td>N</td><td></td><td></td><td></td><td></td><td></td><td></td></tr>
<tr><td>P_2O_5</td><td></td><td></td><td></td><td></td><td></td><td></td></tr>
<tr><td>K_2O</td><td></td><td></td><td></td><td></td><td></td><td></td></tr>
<tr><td rowspan="2">其他元素</td><td>养分种类</td><td></td><td></td><td></td><td></td><td></td><td></td></tr>
<tr><td>养分含量</td><td></td><td></td><td></td><td></td><td></td><td></td></tr>
<tr><td colspan="3">实物量（kg / 亩）</td><td></td><td></td><td></td><td></td><td></td><td></td></tr>
</table>

说明：每一季作物一张表，请填写齐全采样前一个年度的每季作物。农户调查点必须填写完“实际施肥明细”，其他点必须填写完“实际施肥总体情况”。填写方法请参见填表说明

2. 分析方法

（1）土壤容重　采用环刀法。

（2）pH 的测定　土液比 1∶2.5，电位法测定。

（3）有机质的测定　油浴加热重铬酸钾氧化容量法测定。

（4）有效磷的测定　采用碳酸氢钠提取—钼锑抗比色法。

（5）速效钾的测定　醋酸铵浸提，火焰光度法测定。

（6）全氮的测定　采用半微量凯氏法。

（7）缓效钾的测定　硝酸提取，火焰光度法测定。

（8）土壤有效性铜、锌、铁、锰的测定　采用 DTPA 浸提—原子吸收分光光度计法。

（9）土壤水溶性硼的测定　采用甲亚胺—H 比色法或姜黄素比色法。

（10）土壤中有效态硫的测定　采用磷酸盐—乙酸提取，硫酸钡比浊法。

五、确定技术路线

耕地地力评价总体的技术路线如下。

收集整理第二次土壤普查的成果资料、土地利用现状图、地形图、农业统计资料的基础上，利用测土配方施肥的采样地块基本情况调查、农户调查和土壤样品测试等数据，在地理信息系统平台上构建空间数据库和属性数据库，运用模糊数学原理和层次分析原理，由《行政区划图》《土地利用现状图》和《土壤图》叠加生成评价单元，选取县域内影响耕地质量的重要因子，建立层次模型，由专家根据特尔斐法给出各因子隶属度值，建立县域耕地资源管理信息系统，从而完成区域内耕地地力评价，并生成评价结果。

第三节　野外调查与质量控制

一、调查方法

采样人员要具有一定采样经验，熟悉采样方法和要求，了解采样区域农业生产情况。采样前，要收集采样区域土壤图、土地利用现状图、行政区划图等资料，绘制样点分布图，制订采样工作计划。准备 GPS、采样工具、采样袋（布袋、纸袋或塑料网袋）、采样标签等。

二、调查内容

1. 填写取土农户基本情况调查表

2. 填写农户施肥情况调查表

3. 调查数据的整理

由野外调查所产生的一级数据（基本调查表），经技术负责人审核后，由专业人员按数据库要求进行编码、整理、录入。

三、采样数量

采样数量根据土壤测试要求，3 年采样数量为 3 334 个。

四、采样质量的控制

土壤样品采集要求使用 GPS 定位，采样点的空间分布应相对均匀，如每 6.67 hm^2 采集一个土壤样品，先在土壤图上大致确定采样位置，然后在标记位置附近的一个采集地块上采集多点混合土样。

第四节　样品分析与质量控制

一、样品制备与管理

（一）土壤样品采集

土壤样品采集应具有代表性和可比性，并根据不同分析项目采取相应的采样和处理方法。

1. 采样规划

采样点的确定应在满城县范围内统筹规划。在采样前，综合土壤图、土地利用现状图和行政区划图，并参考第二次土壤普查采样点位图确定采样点位，形成采样点位图。实际采样时严禁随意变更采样点，若有变更须注明理由。其中，用于耕地地力评价的土样样品采样点，在满城县范围内布设采样数量为 3 334 个。

2. 采样单元

根据土壤类型、土地利用、耕作制度、产量水平等因素，将采样区域划分为若干个采样单元，每个采样单元的土壤性状要尽可能均匀一致。

平均每个采样单元为 6.67 hm^2（平原区、大田作物每 6.67 hm^2 采一个样，温室大棚作物每 30 个棚室采一个样），为便于田间示范跟踪和施肥分区，采样集中在位于每个采样单元相对中心位置的典型地块（同一农户的地块），采样地块面积为 0.07 ～ 0.67 hm^2。采用 GPS 定位，记录经纬度，精确到 0.1″ 。

3. 采样时间

在作物收获后或播种施肥前采集，一般在秋后。设施蔬菜在晾棚期采集。果园在果品采摘后的第一次施肥前采集，幼树及未挂果果园，应在清园扩穴施肥前采集。进行氮肥追肥推荐时，应在追肥前或作物生长的关键时期采集。

4. 采样周期

同一采样单元，无机氮及植株氮营养快速诊断每季或每年采集 1 次；土壤有效磷、速效钾等一般 2 ～ 3 年采集 1 次；中、微量元素一般 3 ～ 5 年采集 1 次。

5. 采样深度

大田采样深度为 0 ～ 20 cm，20 ～ 40 cm 两层分别采集。用于土壤无机氮含量测定的采样深度应根据不同作物、不同生育期的主要根系分布深度来确定。

6. 采样点数量

要保证足够的采样点，使之能代表采样单元的土壤特性。采样必须多点混合，每个样品取 15 ～ 20 个样点。

7. 采样路线

采样时应沿着一定的线路，按照“随机”、“等量”和“多点混合”的原则进行采样。一般采用“S”形布点采样。在地形变化小、地力较均匀、采样单元面积较小的情况下，也可采用“梅花”形布点取样。要避开路边、田埂、沟边、肥堆等特殊部位。蔬菜地混合样点的样品采集要根据沟、垄面积的比例确定沟、垄采样点数量。果园采样要以树干为圆点向外延伸到树冠边缘的 2/3 处采集，每株对角采 2 点。

8. 采样方法

每个采样点的取土深度及采样量应均匀一致，土样上层与下层的比例要相同。取样器应垂直于地面入土，深度相同。用取土铲取样应先铲出一个耕层断面，再平行于断面取土。所有样品都应采用不锈钢取土器采样。

9. 样品量

混合土样以取土 1 kg 左右为宜（用于推荐施肥的 0.5 kg，用于田间试验和耕地地力评价的 2 kg 以上，长期保存备用），可用四分法将多余的土壤弃去。方法是将采集的土壤样品放在盘子里或塑料布上，弄碎、混匀，铺成正方形，画对角线将土样分成四份，把对角的两份分别合并成一份，保留一份，弃去一份。如果所得的样品依然很多，可再用四分法处理，直至所需数量为止。

10. 样品标记

采集的样品放入统一的样品袋，用铅笔写好标签，内外各一张。

（二）土壤样品制备

1. 新鲜样品

某些土壤成分如二价铁、硝态氮、铵态氮等在风干过程中会发生显著变化，必须用新鲜样品进行分析。为了能真实反映土壤在田间自然状态下的某些理化性状，新鲜样品要及时送回室内进行处理分析，用粗玻璃棒或塑料棒将样品混匀后迅速称样测定。

新鲜样品一般不宜贮存，如需要暂时贮存，可将新鲜样品装入塑料袋，扎紧袋口，放在冰箱冷藏室或进行速冻保存。

2. 风干样品

从野外采回的土壤样品要及时放在样品盘上，摊成薄薄一层，置于干净整洁的室内通风处自然风干，严禁暴晒，并注意防止酸、碱等气体及灰尘的污染。风干过程中要经常翻动土样并将大土块捏碎以加速干燥，同时剔除侵入体。

风干后的土样按照不同的分析要求研磨过筛，充分混匀后，装入样品瓶中备用。瓶内外各放标签一张，写明编号、采样地点、土壤名称、采样深度、样品粒径、采样日期、采样人及制样时间、制样人等项目。制备好的样品要妥善贮存，避免日晒、高温、潮湿和酸碱等气体的污染。全部分析工作结束，分析数据核实无误后，试样一般还要保存 3 ～ 12 个月，以备查询。“3414”试验等有价值、需要长期保存的样品，须保存于广口瓶中，用蜡封好瓶口。

（1）一般化学分析试样　将风干后的样品平铺在制样板上，用木棍或塑料棍碾压，并将植物残体、石块等侵入体和新生体剔除干净。细小已断的植物须根，可采用静电吸附的方法清除。压碎的土样用 2 mm 孔径筛过筛，未通过的土粒重新碾压，直至全部样品通过 2 mm 孔径筛为止。通过 2 mm 孔径筛的土样可供 pH、盐分、交换性能及有效养分等项目的测定。将通过 2 mm 孔径筛的土样用四分法取出一部分继续碾磨，使之全部通过 0.25 mm 孔径筛，供有机质、全氮、碳酸钙等项目的测定。

（2）微量元素分析试样　用于微量元素分析的土样，其处理方法与一般化学分析样品相同，但在采样、风干、研磨、过筛、运输、贮存等环节，不要接触容易造成样品污染的铁、铜等金属器具。采样、制样推荐使用不锈钢、木、竹或塑料工具，过筛使用尼龙网筛等。通过 2 mm 孔径尼龙筛的样品可用于测定土壤有效态微量元素的含量。

（3）颗粒分析试样　将风干土样反复碾碎，用 2 mm 孔径筛过筛。留在筛上的碎石称量后保存，同时将过筛的土壤称重，计算石砾质量百分数。将通过 2 mm 孔径筛的土样混匀后盛于广口瓶内，用于颗粒分析及其他物理性状测定。

若风干土样中有铁锰结核、石灰结核或半风化体，不能用木棍碾碎，应首先将其细心拣出称量保存，然后再进行碾碎。

（三）植物样品的采集与制备

1. 采样要求

植物样品分析的可靠性受样品数量、采集方法及植株部位影响，因此，采样应具有：

（1）代表性　采集样品能符合群体情况，采样量一般为 1 kg。

（2）典型性　采样的部位能反映所要了解的情况。

（3）适时性　根据研究目的，在不同生长发育阶段，定期采样。

粮食作物一般在成熟后收获前采集籽实部分及秸秆；发生偶然污染事故时，在田间完整地采集整株植株样品；水果及其他植株样品根据研究目的确定采样要求。

2. 样品采集

（1）粮食作物　由于粮食作物生长的不均一性，一般采用多点取样，避开田边 2 m，按“梅花”形（适用于采样单元面积小的情况）或“S”形采样法采样。在采样区内采取 10 个样点的样品组成一个混合样。采样量根据检测项目而定，籽实样品一般 1 kg 左右，装入纸袋或布袋。要采集完整植株样品可以稍多些，约 2 kg，用塑料纸包扎好。

（2）棉花样品　棉花样品包括茎秆、空桃壳、叶片、籽棉等部分。样株选择和采样方法参照粮食作物。按样区采集籽棉，第一次采摘后将籽棉放在通透性较好的网袋中晾干（或晒干），以后每次收获时均装入网袋中，各次采摘结束后，将同一取样袋中的籽棉作为该采样区籽棉混合样。

（3）油菜样品　油菜样品包括籽粒、角壳、茎秆、叶片等部分。样株选择和采样方法参照粮食作物。鉴于油菜在开花后期开始落叶，至收获期植株上叶片基本全部掉落，叶片的取样应在开花后期，每区采样点不应少于 10 个（每点至少 1 株），采集油菜植株全部叶片。

（4）水果样品　平坦果园采样时，可采用对角线法布点采样，由采样区的一角向另一角引一对角线，在此线上等距离布设采样点，采样点多少根据采样区域面积、地形及检测目的确定。山地果园应按不同海拔高度均匀布点，采样点一般不应少于 10 个。对于树型较大的果树，采样时应在果树的上、中、下、内、外部及果实着生方位（东南西北）均匀采摘果实。将各点采摘的果品进行充分混合，按四分法缩分，根据检验项目要求，最后分取所需份数，每份 1 kg 左右，分别装入袋内，粘贴标签，扎紧袋口。水果样品采摘时要注意树龄、长势、载果数量等。

（5）蔬菜样品　蔬菜品种繁多，可大致分成叶菜、根菜、瓜果三类，按需要确定采样对象。菜地采样可按对角线或“S”形法布点，采样点不应少于 10 个，采样量根据样本个体大小确定，一般每个点的采样量不少于 1 kg。从多个点采集的蔬菜样，按四分法进行缩分，其中个体大的样本，如大白菜等可采用纵向对称切成 4 份或 8 份，取其 2 份的方法进行缩分，最后分取 3 份，每份约 1 kg，分别装入塑料袋，粘贴标签，扎紧袋口。如需用鲜样进行测定，采样时最好连根带土一起挖出，用湿布或塑料袋装，防止萎蔫。采集根部样品时，在抖落泥土或洗净泥土过程中应尽量保持根系的完整。

现场采样可参照现场水果取样方法进行。

3. 标签内容

包括采样序号、采样地点、样品名称、采样人、采集时间和样品处理号等。

4. 采样点调查内容

包括作物品种、土壤名称（或当地俗称）、成土母质、地形地势、耕作制度、前茬作物及产量、化肥农药施用情况、灌溉水源、采样点地理位置简图。果树要记载树龄、长势、载果数量等。

5. 植株样品处理与保存

粮食籽实样品应及时晒干脱粒，充分混匀后用四分法缩分至所需量。需要洗涤时，注意时间不宜过长并及时风干。为了防止样品变质，虫咬，需要定期进行风干处理。使用不污染样品的工具将籽实粉碎，用 0.5 mm 筛子过筛制成待测样品。带壳类粮食如稻谷应去壳制成糙米，再进行粉碎过筛。测定重金属元素含量时，不要使用能造成污染的器械。

完整的植株样品先洗干净，根据作物生物学特性差异，采用能反映特征的植株部位，用不污染待测元素的工具剪碎样品，充分混匀用四分法缩分至所需的量，制成鲜样或于 60℃烘箱中烘干后粉碎备用。

田间（或县场）所采集的新鲜水果、蔬菜、烟叶和茶叶样品若不能马上进行分析测定，应暂时放入冰箱保存。

二、分析项目与方法

土壤容重，采用环刀法；pH 值的测定用土液比 1∶2.5，电位法测定；有机质的测定采用油浴加热重铬酸钾氧化容量法测定；有效磷的测定，采用碳酸氢钠提取—钼锑抗比色法；速效钾的测定，采用醋酸铵浸提—火焰光度法测定；全氮的测定，采用半微量凯氏法；缓效钾的测定，用硝酸提取—火焰光度法测定；土壤有效性铜、锌、铁、锰的测定，采用 DTPA 浸提—原子吸收分光光度计法；土壤水溶性硼的测定，采用甲亚胺—H 比色法或姜黄素比色法；土壤中有效态硫的测定，采用磷酸盐—乙酸提取，硫酸钡比浊法。

三、分析质量控制

（一）实验室基本要求

1. 实验室资格

通过省级或通过全国农业技术推广服务中心资格考核。

2. 实验室布局

合理、整洁、明亮，配备抽风排气、废水及废物处理设施。

3. 人员

按计量认证要求，配备相应专业技术人员，满足检验工作需要，持证上岗。

4. 仪器设备

满足承检项目的检验质量要求，必须计量检定合格。

5. 环境条件

适应承检项目、仪器设备的检测要求。

6. 实验室用水

用电热蒸馏或石英蒸馏或离子交换等方法制备，并符合 GB ／ T6682—19 的规定。常规检验使用三级水，配制标准溶液用水、特定项目用水应符合二级水要求。

（二）分析质量控制基础实验

1. 全程序空白值测定

全程空白值是指用某一方法测定某物质时，除样品中不合格物质外，整个分析过程中引起的信号值或相应浓度值。每次做 2 个平行样，连测 5 d 共得 10 个测定结果，计算批内标准偏差 *Swb* 按下式计算：

Swb=1/2{∑（X*i*–X 平）2/*m*(*n*–1)}

式中：*n*——每天测定平均样个数；

m——测定天数。

2. 检出限

检出限是指对某一特定的分析方法在给定的置信水平内可以从样品中检测待测物质的最小浓度或最小量。根据空白测定的批内标准偏差（*Swb*）按下列公式计算检出限（95% 的置信水平）。

若试样一次测定值与零浓度试样一次测定值有显著性差异时，检出限按下式计算：

L=2 × 21/2tf *Swb*

式中：*L*——方法检出限；

tf——显著水平为 0.05（单侧）自由度为 f 的 t 值；

Swb——批内空白值标准偏差；

f——批内自由度，$f=m(n-1)$，m 为重复测定次数，n 为平行测定次数；

原子吸收分析方法中用下式计算检出限：

$$L=3\ Swb$$

分光光度法以扣除空白值后的吸光值为 0.010 相对应的浓度值为检出限。

3. 校准曲线

标准系列应设置 6 个以上浓度点。

根据一元线性回归方程　$y=a+bx$

y 为收光度，x 为待测液浓度，a 为截距，b 为斜率

校准曲线相关系数应力求 R ≥ 0.999。

校准曲线控制：每批样品皆需做校准曲线；校准曲线要 R ＞ 0.999，且有良好重现性；即使校准曲线有良好重视性也不得长期使用；待测液浓度过高时不能任意外推；大批量分析时每测 20 个样品也要用一标准液校验，以查仪器灵敏度飘移。

4. 精密度控制

（1）测定率　每批样品每个项目分析时做 15% 平行样品。

（2）合格要求　平行双样测定结果的误差在允许误差范围之内者为合格，当平行双样测定全部不合格者，重新进行平行双样的测定；平行双样测定合格率＜ 95% 时，除对不合格者重新测定外，再增加 10%～ 20%的测定率，如此累进，直到总合格率为 95%。

5. 准确度控制

本工作仅在土壤分析中执行。在分析中，每批要带测质控平行双样，在测定的精密度合格的前提下，质控样测定值必须落在质控样保证值（在95%的置信水平）范围之内，否则本批结果无效，需重新分析测定。

第五节　耕地地力评价原理与方法

一、耕地地力评价原理

（一）评价的原则

耕地地力就是耕地的生产能力，是在一定区域内一定的土壤类型上，耕地的土壤理化性状、所处自然环境条件、农田基础设施及耕作施肥管理水平等因素的总和。根据评价的目的要求，在满城县耕地地力评价中，遵循以下基本原则。

1. 综合因素研究与主导因素分析相结合原则

土地是一个自然经济综合体，是人们利用的对象，对土地质量的鉴定涉及自然和社会经济多个方面，耕地地力也是各类要素的综合体现。所谓综合因素研究是指对地形地貌、土壤理化性状、相关社会经济因素之总体进行全面的分析、研究与评价，以全面了解耕地地力状况。主导因素是指对耕地地力起决定作用的、相对稳定的因子，在评价中要着重对其进行研究分析。因此，把综合因素与主导因素结合起来进行评价则可以对耕地地力做出科学准确的评定。

2. 共性评价与专题研究相结合原则

满城县耕地利用存在菜地、农田等多种类型，土壤理化性状、环境条件、管理水平等不一，因此耕地地力水平有较大的差异。考虑县域内耕地地力的系统可比性，针对不同的耕地利用等状况，选用统一的评价指标和标准，即耕地地力的评价不针对某一特定的利用类型。另一方面，为了了解不同利用类型的耕地地力状况及其内部的差异情况，对有代表性的主要类型如蔬菜地等进行专题的深入研究。这样，共性的评价与专题研究相结合，使整个的评价和研究具有更大的应用价值。

3. 定量和定性相结合原则

土地系统是一个复杂的灰色系统，定量和定性要素共存，相互作用，相互影响。因此，为了保证评价结果的客观合理，宜采用定量和定性评价相结合的方法。在总体上，为了保证评价结果的客观合理，尽量采用定量评价方法，对可定量化的评价因子如有机质等养分含量、土层厚度等按其数值参与计算，对非数量化的定性因子如土壤表层质地、土体构型等则进行量化处理，确定其相应的指数，并建立评价数据库，用计算机进行运算和处理，尽力避免人为随意性因素影响。在评价因素筛选、权重确定、评价标准、等级确定等评价过程中，尽量采用定量化的数学模型，在此基础上则充分运用人工智能和专家知识，对评价的中间过程和评价结果进行必要的定性调整，定量与定性相结合，选取的评价因素在时间序列上具有相对的稳定性，如土壤的质地、有机质含量等，从而保证了评价结果的准确合理，使评价结果能够有较长的有效期。

4. 采用GIS支持的自动化评价方法原则

自动化、定量化的土地评价技术是当前土地评价的重要方向之一。近年来，随着计算机技术，特别是 GIS 技术在土地评价中的不断应用和发展，基于 GIS 的自动化评价方法已不断成熟，使土地评价的精度和效率大大提高。本次的耕地地力评价工作将通过数据库建立、评价模型及其与 GIS 空间叠加等分析模型的结合，实现了全数字化、自动化的评价流程，在一定的程度上代表了当前土地评价的最新技术方法。

（二）评价的依据

耕地地力是耕地本身的生产能力，因此耕地地力的评价则依据与此相关的各类自然和社会经济要素，具体包括以下 3 个方面。

1. 耕地地力的自然环境要素

包括耕地所处的地形地貌条件、水文地质条件、成土母质条件等。

2. 耕地地力的土壤理化要素

包括土壤剖面与土体构型、耕层厚度、质地、容重等物理性状，有机质、N、P、K 等主要养分，微量元素、pH 值、交换量等化学性状。

3. 耕地地力的农田基础设施条件

包括耕地的灌排条件、水土保持工程建设、培肥管理条件等。

（三）评价指标

为做好满城县耕地地力调查试点工作，经过研讨确定了指标的选取、量化以及评价的方法。认为耕地地力主要受成土母质、地下水、微地貌等多种因素的影响，不同地下水深度及矿化度、不同母质发育的土壤，耕地地力差异较大，各项指标对地力贡献的份额在不同地块也有较大的差别，并对每一个指标的名称、释义、量纲、上下限给出准确的定义并制定了规范。在全国共用的 55 项指标体系框架中，选取了包括立地条件、土壤理化性状、土壤养分、土壤管理等共 11 个指标作为耕地地力评价指标体系（表 2–3）。

表 2–3　满城县耕地地力评价指标体系

项　目		评价指标						
理化性状	耕层质地	中壤	轻壤	黏壤	沙壤	多砾	—	—
	pH	6.5 ～ 7	7 ～ 7.5	7.5 ～ 8.0	8.0 ～ 8.5	8.5 ～ 9.0	—	—
立地条件	地貌类型	山地	丘陵	山前平原	平原	—	—	—
	海拔 /(m)	<50	50 ～ 100	100 ～ 150	150 ～ 300	>300	—	—
养分状况	有效磷 (mg / kg)	>21.8	20 ～ 30	10 ～ 20	5 ～ 10	—	—	—
	有机质 (g/kg)	>30	25 ～ 30	15 ～ 25	10 ～ 15	<10	—	—
	速效钾 (mg/kg)	>166	124 ～ 166	83 ～ 124	41 ～ 83	25 ～ 41	<25	—
土壤管理	灌溉能力	保灌	基本满足	能灌	可灌	无灌溉条件	—	—
	输水方式	无	较强	固定管道	—	—	—	—
障碍因素	障碍层次	无明显障碍	灌溉改良型	干旱	瘠薄培肥型	坡地梯改型	水毁威胁	砾石
	侵蚀程度	无明显侵蚀	轻度侵蚀	侵蚀明显	—	—	—	—

二、耕地地力评价方法

耕地地力评价首先需要确定各评价指标体系中的评价因子的权重。采用德尔菲法与层次分析法相结合的方法确定各评价因子权重。然后确定各评价因子的隶属度。对定性数据采用德尔菲法直接给出相应的隶属度；对定量数据采用德尔菲法与隶属函数法结合的方法确定各评价因子的隶属函数，将各评价因子的值代入隶属函数，计算相应的隶属度。最后，采用累加法计算每个评价单元的综合地力指数，从而完成耕地地力分级评价工作。

评价因子权重的确定及隶属度的计算方法分为单因子指数法、综合指数法。单因素评价模型采用模糊评价法、层次分析法，综合指数评价模型用聚类分析法、累加模型法等。

（一）模糊评价法

模糊数学的概念与方法在农业系统数量化研究中得到广泛的应用。模糊子集、隶属函数与隶属度是模糊数学的三个重要概念。一个模糊性概念就是一个模糊子集，模糊子集 A 的取值自 0→1 中间的任一数值（包括两端的 0 与 1）。隶属度是元素 x 符合这个模糊性概念的程度。完全符合时隶属度为 1，完全不符合时为 0，部分符合即取 0 与 1 之间一个中间值。隶属函数 $\mu A(x)$ 是表示元素 x_i 与隶属度 μ_i 之间的解析函数。根据隶属函数，对于每个 x_i 都可以算出其对应的隶属度 μ_i。隶属度是指元素符合这个模糊性概念的程度。完全符合时隶属度为 1，完全不符合时为 0，部分符合取 0 与 1 之间一个中间值。

应用模糊子集、隶属函数与隶属度的概念，可以将农业系统中大量模糊性的定性概念转化为定量的表示。对不同类型的模糊子集，可以建立不同类型的隶属函数关系。

在这次土壤质量评价中，编者根据模糊数学的理论，将选定的评价指标与耕地生产能力的关系分为戒上型函数、戒下型函数、峰型函数、直线型函数以及概念型 5 种类型的隶属函数。对于前四种类型，可以用德尔菲法对一组实测值评估出相应的一组隶属度，并根据这两组数据拟合隶属函数，也可以根据唯一差异原则，用田间试验的方法获得测试值与耕地生产能力的一组数据，用这组数据直接拟合隶属函数（表 2–4）。鉴于质地对耕地其他指标的影响，有机质、阳离子代换量、速效钾等指标应按不同质地类型分别拟合隶属函数（表 2–5）。

表 2–4　满城县耕地地力评价指标专家评估

项　目			专家评估等级				
理化性状	pH 值	等级	6.5 ～ 7.0	7 ～ 7.5	7.5 ～ 8.0	8.0 ～ 8.5	8.5 ～ 9.0
		专家评估	0.9	1	0.9	0.8	0.6
养分状况	有效磷 (mg/kg)	等级	>30	20 ～ 30	10 ～ 20	5 ～ 10	<5
		专家评估	1	0.95	0.85	0.55	0.3
	有机质 (mg/kg)	等级	>30	25 ～ 30	15 ～ 25	10 ～ 15	<10
		专家评估	1	0.9	0.8	0.7	0.6
	速效钾 (mg/kg)	等级	>150	120 ～ 150	100 ～ 120	50 ～ 100	<50
		专家评估	1	0.90	0.80	0.5	0.2

表 2–5　满城县要素类型及其隶属度函数模型

函数类型	项　目	*A* 值	*B* 值	*C* 值	*ut* 值
峰型	pH	0.376 607	0	7.24	*ut* 1 = 4.5,*ut* 2 = 9
负直线型	海拔	1.080 6	0.004	0	*ut*=260
戒上型	速效钾	0.000 131	0	181.71	*ut*=20
戒上型	速效磷	0.003 026	0	35.96	*ut*=3
戒上型	有机质	0.005 213	0	25.478 7	*ut*=5

通过专家评估、隶属函数拟合以及充分考虑土壤特征与植物生长发育的关系，赋予不同肥力因素以相应的分值，得到满城县耕地生产能力评价指标的隶属度，描述如下。

------------------------------------ 地貌类型 ------------------------------------

[隶属度]　　[描述]

0.3　　地貌类型 = ‘山地’

0.5　　地貌类型 = ‘丘陵’

0.85　　地貌类型 = ‘山前平原’

1　　地貌类型 = ‘平原’

---------------------------------- 灌溉能力 -------------------------------------

[隶属度]　　[描述]

0.5　　灌溉能力 = ‘无灌溉条件’

0.6　　灌溉能力 = ‘可灌（将来可发展）’

0.8　　灌溉能力 = ‘能灌’

0.9　　灌溉能力 = ‘基本满足’

1　　灌溉能力 = ‘保灌’

-------------------------------- 侵蚀程度 ----------------------------------

[隶属度]　　[描述]

0.5　　侵蚀程度 = ‘侵蚀明显’

0.7　　侵蚀程度 = ‘轻度侵蚀’

0　　侵蚀程度 = ‘无明显侵蚀’

---------------------------------- 输水方式 ---------------------------------

[隶属度]　　[描述]

0.7　　输水方式 = ‘无’

0.8　　输水方式 = ‘简易管’ or 输水方式 = ‘土渠’

1　　输水方式 =' 固定管道’

------------------------------- 障碍因素 ----------------------------------

[隶属度]	[描述]
0.2	障碍因素 =‘砾石’
0.4	障碍因素 =‘水毁威胁’
0.5	障碍因素 =‘坡地梯改型’
0.6	障碍因素 =‘瘠薄培肥型’
0.7	障碍因素 =‘干旱’
0.9	障碍因素 =‘灌溉改良型’
1	障碍因素 =‘无明显障碍’

-------------------------------- 质地 ------------------------------------

[隶属度]	[描述]
0.2	质地 =‘多砾’
0.6	质地 =‘黏壤’
0.8	质地 =‘沙壤’
0.9	质地 =‘轻壤’
1	质地 =‘中壤’

（二）单因素权重：层次分析法

层次分析方法的基本原理是把复杂问题中的各个因素按照相互之间的隶属关系排成从高到低的若干层次，根据对一定客观现实的判断就同一层次相对重要性相互比较的结果，决定层次各元素重要性先后次序。这一方法在耕地地力评价中主要用来确定参评因素的权重。

1. 确定指标体系及构造层次结构

专家组从河北省指标体系框架中选择了 11 个要素作为满城县耕地地力评价的指标。

2. 专家的的数量化评估

请专家在进行同一层次各因素对上一层次的相对重要性比较时，给出数量化的评估。专家们评估的初步结果经过合适的数学处理后（包括实际计算的最终结果—组合权重）反馈给各位专家，请专家重新修改或确认。经多轮反复形成最终的判断矩阵。

3. 层次分析结果

======================== 层次分析报告 ===========================

模型名称：满城县耕地地力评价模型

计算时间：2013/4/20 14：47：39

-------------------------- 构造层次模型 ----------------------------

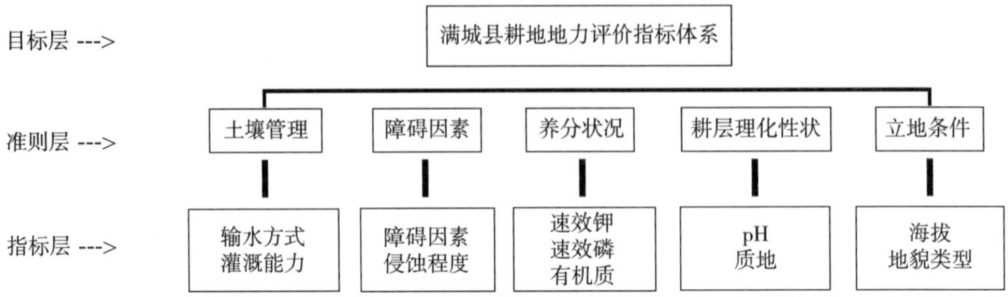

目标层 ---> 满城县耕地地力评价指标体系

准则层 ---> 土壤管理　障碍因素　养分状况　耕层理化性状　立地条件

指标层 --->

土壤管理	障碍因素	养分状况	耕层理化性状	立地条件
输水方式 灌溉能力	障碍因素 侵蚀程度	速效钾 速效磷 有机质	pH 质地	海拔 地貌类型

目标层判别矩阵原始资料：

1.0000	0.6667	0.6667	0.6667	0.4000
1.5000	1.0000	1.0000	1.0000	0.6667
1.5000	1.0000	1.0000	1.0000	0.6667
1.5000	1.0000	1.0000	1.0000	0.6667
2.5000	1.5000	1.5000	1.5000	1.0000

特征向量：[0.1260,0.1928,0.1928,0.1928,0.2955]

最大特征根为：5.0014

CI=3.484 763 558 911 92E-04

RI=1.12

$CR=CI/RI$=0.000 311 14 < 0.1

一致性检验通过！

准则层（1）判别矩阵原始资料：

1.0000	0.3333
3.0000	1.0000

特征向量：[0.2500,0.7500]

最大特征根为：1.9999

CI=-5.000 125 006 238 14E-05

RI=0

$CR=CI/RI$=0.000 000 00 < 0.1

一致性检验通过！

准则层（2）判别矩阵原始资料：

1.0000　　0.5000

2.0000　　1.0000

特征向量：[0.3333,0.6667]

最大特征根为：2.0000

CI=0

RI=0

CR=*CI*/*RI*=0.000 000 00 < 0.1

一致性检验通过！

准则层（3）判别矩阵原始资料：

1.0000　　0.5000　　0.3333

2.0000　　1.0000　　0.5000

3.0000　　2.0000　　1.0000

特征向量：[0.1638,0.2973,0.5390]

最大特征根为：3.0092

CI=4.585 995 393 785 24E-03

RI=.58

CR=*CI*/*RI*=0.007 906 89 < 0.1

一致性检验通过！

准则层（4）判别矩阵原始资料：

1.0000　　0.3333

3.0000　　1.0000

特征向量：[0.2500,0.7500]

最大特征根为：1.9999

CI=–5.000 125 006 238 14E-05

RI=0

CR=*CI*/*RI*=0.000 000 00 < 0.1

一致性检验通过！

准则层（5）判别矩阵原始资料：

1.0000　　0.2222

4.5000 1.0000

特征向量：[0.1818,0.8182]

最大特征根为：1.9999

CI=–5.000 125 006 238 14E-05

RI=0

CR=*CI*/*RI*=0.000 000 00 < 0.1

一致性检验通过！

层次总排序一致性检验：

CI=8.536 689 672 923 15E-04

RI=.111 849 970 472 008

CR=*CI*/*RI*=0.007 632 27 < 0.1

总排序一致性检验通过！

层次分析结果表

层次 A	层次 C 土壤管理	障碍因素	耕层养分状	耕层理化性	立地条件	组合权重
	0.1260	0.1928	0.1928	0.1928	0.2955	$\sum C_iA_i$
输水方式	0.2500					0.0315
灌溉能力	0.7500					0.0945
侵蚀程度		0.3333				0.0643
障碍因素		0.6667				0.1286
速效钾			0.1638			0.0316
速效磷			0.2973			0.0573
有机质			0.5390			0.1039
pH				0.2500		0.0482
质地				0.7500		0.1446
海拔					0.1818	0.0537
地貌类型					0.8182	0.2418

本报告由《县域耕地资源管理信息系统 V3.2》分析提供

（三）地力综合指数的计算

采用累加法计算每个评价单元的地力综合指数。

$IFI=\sum(Fi\times Ci)$

IFI——耕地地力综合指数（Integrated Fertility Index）；

Fi——第 i 个评价因子的隶属度；

Ci——第 i 个评价因子的组合权重。

最后确定耕地地力综合指数分级方案，划分耕地的地力等级。

第六节　耕地资源管理信息系统的建立与应用

一、耕地资源管理信息系统总体设计

县域耕地资源管理信息系统是应用 GIS、GPS、RS 等高新技术对辖区内的地形、地貌、土壤、土地利用、土壤污染、农业生产基本情况等资料进行统一管理，并将此数据平台与各类管理模型结合，对耕地资源进行系统的动态管理，为农业决策、农民、农业技术人员提供耕地质量动态变化、土壤适宜性、施肥咨询、作物营养诊断等多方位的信息服务。

系统基本管理单元为土壤图、土地利用现状图、地形图叠加形成的评价单元。建立耕地资源管理信息系统的工作流程见图 2-1。

二、属性数据库的建立

（一）硬件的准备

主要包括高档微机、数字化仪、扫描仪、喷墨绘图仪等。微机主要用于数据和图件的处理分析，数字化仪、扫描仪用于图件的输入，喷墨绘图仪用于成果图的输出。

（二）软件的准备与开发

准备的软件一是 WINDOWS 操作系统软件，其次是 FOXPRO 数据库管理、SPSS 数据统计分析等应用软件，还有 ARCVIEW、GIS 等，以及 ENVI 遥感图像处理等专业分析软件。

开发的软件是：属性数据库的建立与录入独立于空间数据库（表 2–6），在 ACCESS 与 EXCEL 下建立，最终统一以 BDASE 的 DBF 格式保存。

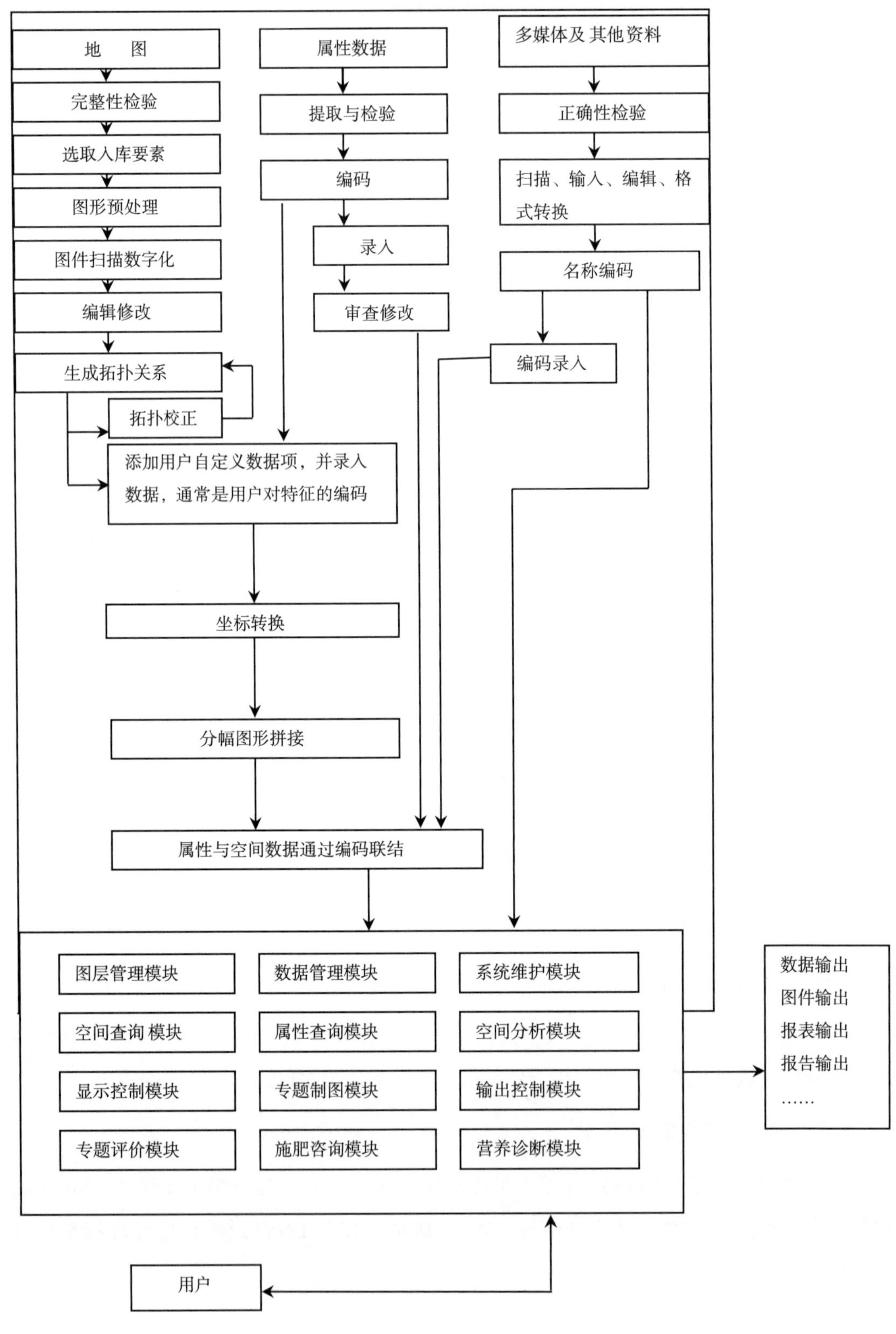

图 2-1　县域“耕地资源管理信息系统”建立工作流程图

表 2-6　主要属性数据表及其包括的数据内容

编　号	名　称	内　容
1	堤坝、渠道、线状河流属性数据	水系代码、水系名称、河流、渠道流量
2	耕地及蔬菜地灌溉水、回水分析结果数据表	采样点县内编号、采样地点、东经、北纬、采样日期、采样人、硝酸盐氮、pH 值、矿化度、总磷、汞、铅、砷、镉、铬、铜、锌、镍、COD、氰化物、氟化物、硫化物、悬浮物
3	湖泊、面状河流属性表	水系代码、水系名称、湖泊贮水量、河流流量
4	基本农田保护区基本情况数据表	村代号、土地总面积、其中耕地面积、园地面积、林地面积、居民点及工矿面积、交通用地面积、水域面积、未利用地面积、一级保护区面积、其中耕地面积、一级保护块数量、二级保护区面积、其中耕地面积、二级保护块数量
5	交通道路属性数据	道路代码、道路名称、道路等级、道路类型
6	土地利用现状属性数据	利用方式代码、利用方式名称
7	土壤、植株样品分析化验结果数据表	采样点县内编号、采样点统一编号、采样地点、东经、北纬、采样日期、采样人、容重、pH 值、有机质、全氮、有效磷、速效钾、有效铜、有效锌、有效铁、有效锰等
8	土壤名称编码表	土壤名称编码、土壤类型名称
9	土种属性数据表	土种代码、土类名称、亚类名称、土属名称、土种名称、成土母质、剖面构型
10	县乡村名编码表	单位编码、县内、单位名称、名称拼音
11	行政界线属性数据	界线代码、界线名称

（三）数据的审核、录入及处理

包括基本统计量及计算方法、频数分布类型检验、异常值的判断与剔除以及所有调查数据的计算机处理等。

在数据录入前经过仔细审核，数据审核中包括对数值型数据资料量纲的统一，例如，亩与公顷的统一，吨与千克的统一等。基本统计量的计算，例如，总产量、总施肥费用等的计算。地名中多音字、简繁体的统一，例如，刘李庄与刘里庄的统一，最后进行异常值的判断与剔除、频数分布类型检验等工作。经过两次审核后进行录入。在录入过程中两人一组，采用边录入边对照的方法分组进行录入。

三、资料收集与处理

（一）资料的收集

耕地地力评价是以耕地的各性状要素为基础，因此，必须广泛地收集与评价有关的各类自然和社会经济因素资料，为评价工作做好数据的准备。本次耕地地力评价所收集获取的资料主要包括以下几个方面。

1. 野外调查资料

按野外调查点获取，主要包括地形地貌、土壤母质、水文、土层厚度、表层质地、耕地利用现状、灌排条件、作物长势产量、管理措施水平等。

2. 室内化验分析资料

包括有机质、全氮、速效氮、全磷、速效磷、速效钾等大量养分含量，硫等中量元素含量，有效锌、硼、铜、铁、锰等微量养分含量，以及 pH 值等。

3. 社会经济统计资料

以行政区划为基本单位的人口、土地面积、作物及蔬菜瓜果面积，以及各类投入产出等社会经济指标数据。

4. 基础图件及专题图件资料

1∶50 000 比例尺地形图、行政区划图、土地利用现状图、地貌图、土壤图等。

5. 遥感资料

为了更加客观准确地获取满城县耕地的利用及地力状况，专门订购了 2002 年春季的陆地卫星 TM 数字图像，通过数字遥感图像分析，更新土地利用图，准确确定耕地空间分布，并根据作物长势分析耕地地力状况。

（二）基础数据库的建立

获取的评价资料可以分为定量资料和定性资料两大部分，为了采用定量化的评价方法和自动化的评价手段，减少人为因素的影响，需要对其中的定性因素进行定量化处理，根据因素的级别状况赋予其相应的分值或数值，采用 FOXPRO 等常规数据库管理软件，以调查点为基本数据库记录，以各耕地地力性状要素数据为基本字段，建立耕地地力基础属性信息数据库，应用该数据库进行耕地地力性状的统计分析，它是耕地地力管理的重要基础数据。此外，对于土壤养分因素，例如：有机质、氮、磷、钾、锌等养分数据，首先按照野外实际调查点进行整理，建立以各养分为字段，以调查点为记录的数据库，之后进行土壤采样点位图与分析数据库的连接，在此基础上对各养分数据进行自动的插值处理，经编辑，自动生成各土壤养分专题图层。将扫描矢量化及插值等处理生成的各类专题图件，在 ARCGIS，MAPINFO 软件的支持下，以点、线、区文件的形式进行存储和管理，同时将所有图件统一转换到相同的地理坐标系统，进行图件的叠加等空间操作，各专题图的图斑属性信息通过键盘交互式输入，构成基本专题图的图形数据库。图形库与基础属性库之间通过调查点相互连接。

（三）空间数据库的建立

采用图件扫描后屏幕数字化的方法建立空间数据库。图件扫描的分辨率为 300dpi，彩色图用 24 位真彩，单色图用黑白格式。数字化图件包括：土地利用现状图、土壤图、地貌类型图、行政区划图等。数字化软件统一采用 ARCGIS 和 MAPINFO，坐标系为 1954 年北京大地坐标系，比例尺为 1∶50 000。具体矢量化过程为：首先在 MAPINFO

的投影变换子系统中建立相应地区的相同比例尺的标准图幅框，在镶嵌配准子系统中将扫描后的各栅格图与标准图框进行配准。在输入编辑子系统中采用手动、自动、半自动的方法跟踪图形要素完成数字化工作。生成点文件、线文件与多边形文件。其中多边形文件的建立要经过多次错误检查与建立拓扑关系。采用以上矢量化方法，主要图层配置如表 2–7。

表 2–7　图件配置

序号	图层名称	图层属性	连接属性表
1	面状水系	多边形	湖泊、面状河流属性表
2	线状水系	线层	湖泊、面状河流属性表
3	土地利用现状图	多边形	土地利用现状属性数据
4	行政区划图	线层	行政界线属性数据
5	土壤图	多边形	土种属性数据表
6	地貌类型图	多边形	地貌类型表
7	土壤采样点位图	点层	土壤、植株样品分析化验结果数据表
8	菜地采样点位图	点层	土壤、植株样品分析化验结果数据表
9	水利分区图	多边形	水利分区情况表
10	公路	线层	交通道路属性数据
11	农村道路	线层	交通道路属性数据
12	沟渠	线层	湖泊、面状河流属性表
13	水工建筑	线层	无

四、评价单元的划分及评价信息的提取

（一）评价单元的划分

评价单元是由对土地质量具有关键影响的各土地要素组成的空间实体，是土地评价的最基本单位、对象和基础图斑。同一评价单元内的土地自然基本条件、土地的个体属性和经济属性基本一致，不同土地评价单元之间，既有差异性，又有可比性。耕地地力评价就是要通过对每个评价单元的评价，确定其地力级别，把评价结果落实到实地和编绘的土地资源图上。因此，土地评价单元划分的合理与否，直接关系到土地评价的结果以及工作量的大小。

目前，对土地评价单元的划分尚无统一的方法，有以土壤类型、土地利用类型、行政区划单位、方里网等多种方法。本次满城县耕地地力评价土地评价单元的划分采用土壤图、土地利用现状图的叠置划分法，相同土壤单元及土地利用现状类型的地块组成一个评价单元，即“土地利用现状类型—土壤类型”的格式。其中，土壤类型划分到土种，土地利用现状类型划分到二级利用类型，制图区界以满城县最新土地利用现状图为准。

为了保证土地利用现状的现势性，基于野外的实地调查对耕地利用现状进行了修正，其中菜地进一步细分到了三级类型。同一评价单元内的土壤类型和利用方式相同，交通、水利、经营管理方式等基本一致，用这种方法划分评价单元可以反映单元之间的空间差异性，既使土地利用类型有了土壤基本性质的均一性，又使土壤类型有了确定的地域边界线，使评价结果更具综合性、客观性，可以较容易地将评价结果落实到实地。通过图件的叠置和检索，将满城县耕地地力划分为 1 593 个评价单元。

（二）评价信息的提取

影响耕地地力的因子非常多，并且它们在计算机中的存贮方式也不相同，因此如何准确地获取各评价单元评价信息是评价中的重要一环，鉴于此，舍弃直接从键盘输入参评因子值的传统方式，采取将评价单元与各专题图件叠加采集各参评因素的信息，具体的做法是：

（1）按唯一标识原则为评价单元编号。

（2）生成评价信息空间库和属性数据库。

（3）从图形库中调出评价因子的专题图，与评价单元图进行叠加。

（4）保持评价单元几何形状不变，直接对叠加后形成的图形的属性库进行操作，以评价单元为基本统计单位，按面积加权平均汇总评价单元各评价因素的值。

由此，可以得到图形与属性相连的、以评价单元为基本单位的评价信息，为后续耕地地力的评价奠定了基础。

五、图件编制及面积量算

（一）图件的编制

为了提高制图的效率和准确性，在地理信息系统软件 ARCGIS 和 MAPINFO 的支持下，进行满城县耕地地力评价图及相关图件的自动编绘处理，其步骤大致分以下几步：扫描矢量化各基础图件→编辑点、线→点、线校正处理→统一坐标系→区编辑并对其赋属性→根据属性赋颜色→根据属性加注记→图幅整饰输出。另外还充分发挥 ARCGIS 和 MAPINFO 强大的空间分析功能用评价图与其他图件进行叠加，从而生成其他专题图件，如评价图与行政区划图叠加，进而计算各行政区划单位内的耕地地力等级面积等。

1. 专题图地理要素底图的编制

专题地图的地理要素内容是专题图的重要组成部分，用于反映专题内容的地理分布，并作为图幅叠加处理等的分析依据。地理要素的选择应与专题内容相协调，考虑图面的负载量和清晰度，应选择基本的、主要的地理要素。

编者以满城县最新的土地利用现状图为基础，对此图进行了制图综合处理，选取主要的居民点、交通道路、水系、境界线等及其相应的注记，进而编辑生成 1：50 000 各专题图地理要素底图。

2. 耕地地力评价图的编制

以耕地地力评价单元为基础，根据各单元的耕地地力评价等级结果，对相同等级的相邻评价单元进行归并处理，得到各耕地地力等级图斑。在此基础上，分 2 个层次进行图面耕地地力等级的表示，采用颜色表示，即赋予不同耕地地力等级以相应的颜色，以绿色系表示高等级地力，依次由绿色→黄色→红色向低等级地力过渡。将评价专题图与以上的地理要素图复合，整饰得满城县 1∶50 000 耕地地力评价图。

3. 其他专题图的编制

对于有机质含量、速效钾、有效磷、有效锌等其他专题要素地图，则按照各要素的分级分别赋予相应的颜色，同时标注相应的代号，生成专题图层。之后与地理要素图复合，编辑处理生成专题图件。并进行图幅的装饰处理。

（二）面积量算

面积的量算是通过与专题图相对应的属性库的操作直接完成。对地力等级面积的量算，则可在 ACCESS 数据库的支持下，对图件属性库进行操作，检索相同等级的面积，然后汇总得各类耕地地力等级的面积。根据满城县各图幅的理论面积进行平差，得到准确的面积数值。对于不同行政区划单位内部、不同的耕地利用类型等耕地地力等级面积的统计，则通过耕地地力评价图与相应的专题图进行叠加分析，由其相应属性库统计获得。

第三章　耕地土壤的立地条件与农田基础设施

第一节　耕地土壤立地条件

一、地形地貌特点及分类

由于满城县各地区所处地理位置、气候、地形、母岩以及地下水、植被等差异很大，从而成土过程复杂，土壤类型繁多。

二、成土母质类型及特征

因自然条件的变异和人为活动的影响，母质各异，主要类型如下。

（一）残坡积母质

由岩石风化，经过风吹日晒雨淋后，一部分残留在山上，另一部分随水流至山下堆积以后发育成土壤。残坡积母质主要发生在山上，一般山地土壤多为残坡积母质。

（二）洪冲积母质

主要是第四纪以来，由界河洪积、冲积物覆盖于第三纪地层上堆积而成的土壤，以壤质为主，沉积层次较明显。

（三）次生黄土母质

主要分布在山前平原上，是第四纪的沉积物，由流水冲积搬运而来，地形部位较高，地势高低不平。

（四）脱沼泽母质

潜水位明显下降，沼泽化过程已经终止。由于流水冲积，上面覆盖了一层黄土而成，是发育在沼泽化土壤上的褐土。

三、水资源、水文状况及分布

满城县境内地上水资源丰富，界河、漕河、龙泉河及一亩泉河，常年流水不断，坑塘常年有水。由于连年干旱，加上降水逐渐减少等原因，境内河流、坑塘逐渐干涸。现存有龙门、马连川水库两座，其中马连川水库已干涸，龙门水库存水量也很有限，不能供给农业用水。这使自然灾害由历史上的旱涝交替逐步演变成了以干旱为主的自然状况，当前干旱已成为影响农业生产的主要障碍因素。

漕河为过境河流，发源于易县西南五回岭口子村北，经狼牙山脚下，由龙门入满城县境，流经县域北部神星、大册营、要庄、贤台等乡镇，沿河分布 38 个村庄，东至东庄店出境。境内河流段长 28.8 km，河床最大宽度 300 m，行洪安全限泄量在龙门水库建成后确定为 300 m^3/s。界河源于易县西南山区，由龙潭水库蜿蜒 15 km 而下，汇入流域面积 106 km^2，至车厂村西入满城县境。主河道过境长度 43 km，河床最宽处 400 m，域内汇流面积 186 km^2。界河系山区季节性河流。汛期遇暴雨，洪水陡涨陡落，夏秋河水长流；冬春自上而下逐段枯竭。龙泉河系界河下游。在满城县境内长 7.8 km，汇流面积 18 km^2。河道可以承受的安全泄洪量为 1 157 m^3/s，可抵御 10 年一遇洪水的防洪能力。一亩泉河在满城县过境长度 6 km，流域面积 119 km^2。为县城东部洪沥水的主要出路。

由于河流冲刷堆积和人工影响，境内大大小小的坑塘和洼地星罗棋布。据 1998 年统计，境内有大小洼地、坑塘总面积 0.83×10^4 hm^2。由于多年干旱少雨及垃圾填埋，目前仅保留少部分。

满城县水资源年平均可开采量 14 220 万 m^3，而目前，由于工农业生产不断发展，水资源连年超采，每年超采约 5 413 万 m^3，加之近几年来，持续干旱，地下水补给较少，致使地下水位连年下降，地下水位埋深达 22.65 m。据 2011 年统计资料，满城县多年平均降水量为 535 mm，水资源总量为 21 351 万 m^3，地下水资源总量为 16 020 万 m^3。满城县年用水量为 20 242 万 m^3，用水结构比例为：农业 55.3%，工业 11.1%，生活 5%，保定市水源区取水 28.6%。基于满城县地下水条件，目前，既无蓄水工程，又无地表水配套工程，各项用水全部依赖提取地下水，致使地下水严重超采，由此可见，水资源供需矛盾越来越大。

四、地质状况

满城县山区地层广泛分布有震旦系中下统含燧石条带厚层白云岩，岭西以西、北台鱼以北和白堡的西南隅条带状分布震旦系上统杂色页岩夹沙岩，界河两岸、岭西—北台鱼大断层之间断续分布寒武系下统页岩夹泥质灰岩、中统鲕状灰岩与页岩互层和上统竹叶状灰岩夹页岩；在龙门、白堡、翟家佐山间盆地和界河两岸沟谷中片状分布第四系上更新统一全新统洪积、冲积黄土状亚沙土夹沙砾、碎石地层，沿界河、漕河两滩条带状分布第四系全新统冲积沙砾卵石层。平原区在地质构造上属华北构造带西翼，基底处在与太行山走向大致相同的保定凹陷西部边缘，第四纪以来，主要接受了界河途经抱阳、满城两个出山口的洪积、冲积物；其次是晚更新世末期漕河改道给本县北部带来的冲、洪积物，形成了以界河出山口为中心的冲洪积扇地层。第四系地层厚度沿山前冲洪积扇根部一带约 100 m，县城以东 200 ～ 300 m，东部边界一带大于 300 m。

第二节　农田基础设施

一、农田水利设施

截至 2011 年底，满城县有效灌溉面积 2.11×10^4 hm^2，农用机井 3 302 眼，节水灌溉面积 2×10^4 hm^2，占满城县有效灌溉面积的 95%，其中，管灌工程 2×10^4 hm^2，完好率 98%；滴灌工程 6.67 hm^2，由于满城县滴灌工程成本较高，所以使用面积较少。

经过长期的综合治理和农业综合开发，特别是旱区水利设施建设，农业生产条件在满城县得到了平衡和较大改善，满城县初步创造出了优良农业生产的基本条件和较完善的农田工程体系，粮食生产能力进一步增强。

二、农业机械化

满城县农业机械的发展经历了从小到大，从落后到先进的变化过程：一是农机装备水平稳步发展，耕作机械，种植机械，排灌机械，收获保有量稳步增长。至 2011 年末，农机总动力达 49.138 4 万 kW。二是农机化作业水平持续增长，满城县主要农作物的机械化程度分别达到机耕，小麦和玉米机播作业占种植面积的 90%，小麦机收占 100%，玉米机收占 20%，主要农作物农机化综合水平达到 73%。三是农机装备技术含量明显提高，小型拖拉机和农机具已不适应当前农业生产需要，拖拉机向着大型发展，农机具有的向着更专业方向发展，由粮食作物向着经济作物设施方面发展。四是农机所有制经营形式，社会化服务体系发生了巨大变化，由以前的国营、社营、村集体所有转为联户、个体农户私人购买使用，满城县农机化作业服务组织 280 个，20 ～ 50 万元的农机大户 35 个。

（一）农机品种

农机品种有如下几种。

（1）拖拉机及配套农具（大中型拖拉机及小型拖拉机及配套机械）。

（2）种植机械有耕整地机械（机引犁、旋耕机），种植施肥机械（包括小麦播种机、玉米播种机）。

（3）农用排灌机械（潜水电泵）。

（4）收获机械（包括小麦联合收割机、玉米联合机、小麦割晒机、秸秆粉碎还田机）。

（5）收获后处理机械（小麦、玉米脱粒机）。

（6）农产品初加工机械（包括粮食加工机械、油料加工机械、棉花加工机械）。

（7）农用运输机械（三轮、四轮农用运输车）。

（8）农田基本建设机械（推土机）。

（二）农田作业机械品种拥有概况

农田作业机具用大中型拖拉机和小型拖拉机为动力，（14.7 kW 以上为大中型，14.7 kW 以下为小型拖拉机）。小型拖拉机是在土地承包责任制后，一家一户的地块划小而发展起来的，当时的耕地、播种、收割、脱粒等都是用小型机械为动力，配套各种小型农具进行农田各环节作业。20 世纪 90 年代中期随着县场化改革的深入，农机协会等农机服务组织的兴起，跨区作业的机具逐年增多，大中型农机具逐年增多，其动力由小拖拉机发展为大中型拖拉机，一般为 36 775 W（50 PS）以上，如上海 50 型拖拉机，天津铁牛 55 型、铁牛—60 型，配套家具为旋耕机、秸秆还田机，背负式联合收割机。自走式联合收割机动力也在 44 130 瓦（60 PS）左右。2004 年 11 月 1 日《农业机械化促进法》实施后，国家补贴等政策出台，农机装备数量、结构进入一个快速发展时期，动力机械也随着农业生产需要不断改进，如转向等操作系统由机械式改为液压式，动力加大，如天津（约翰的尔）8020 拖拉机，东方红 X80、X85、X90、X95，福田 80、90 等。

（三）农田运输机械品种拥有概况

满城县的农田运输机械有拖拉机和农用运输车，农用运输车是 20 世纪 90 年代后期发展起来的一种适合农村特点的运输车辆，按行走装置分三轮和四轮，20 世纪 90 年代初的三轮车为方向把式，如金蛙 7YP–750、时风 7YP–950 后改为方向盘、带驾驶室，如五征 7YPJ–1150、福田 7YPJ1450 等。四轮农用运输车有的也叫“变型拖拉机”，其载重量也大小不等。

第四章　耕地土壤属性

第一节　耕地土壤类型

一、土壤类型及分布

全国第二次土壤普查满城县土壤有褐土、潮土、草甸土3个土类，有褐土性土、淋溶褐土，碳酸盐褐土、潮褐土、潮土、草甸土6个亚类，8个土属，28个土种。主要土壤类型为褐土，占94.68%。

（一）褐土

褐土的成土母质主要是第四纪洪积冲积物，把太行山麓的黄土物质经洪水搬运堆积形成次生黄土母质和洪冲积母质。另外山地岩石经过风化作用形成的土壤未经搬动，残留在山地表面，成为残坡积母质。根据母质的不同和碳酸钙的淋溶淀积及地下水有无参与成土过程，把褐土分为4个亚类。

1. 淋溶褐土

主要分布在800 m以上的高山上，满城县只分布在长角台乡，面积也只有12.87 hm^2。由于海拔高度高，温差大，岩石风化层残留在山上，土层较厚，降水量较多，淋溶作用强，碳酸钙基本被淋溶彻底，所以有淋溶褐土的特征。

2. 褐土性土

分布在满城县大小山头上，风化作用小，土层薄，残留在山表面上，没有形成土壤层次。由于降水量较小但产生径流，造成水土流失，淋溶较差，是一种发育不完全的土壤。由于颜色鲜艳，也具有褐土的特征。

3. 碳酸盐褐土

主要分布在山前平原上，由太行山麓的黄土物质经搬运堆积而成，多为次生黄土母质。碳酸盐褐土区，由于洪水的冲积和地表流水的侵蚀，形成的切沟较多，深沟两旁的黄土壁立，颜色鲜艳，多呈棕褐色。由于地势较高，地下水位较低，地下水不曾参加成土过程，由于碳酸钙的淋溶淀积作用，剖面低土层分布有大量假菌丝体，通体石灰反应强烈，具有典型的褐土特征。满城县旱地大多为此类土壤。

4. 潮褐土

多发育在洪冲积母质上，由于地下水位较高且参与成土过程，在剖面底土层有锈纹锈斑和铁子。而且由于碳酸钙的淋溶淀积作用，剖面中上部有假菌丝体和沙姜，土壤颜色较暗，呈棕色或灰棕色，处于褐土和潮土之间，是过渡阶段。这部分土壤地势平坦，水源较充分，为满城县的高产田土壤，主要分布在满城县东南的耕作土壤上。

（二）潮土

土壤经洪水或河水的冲积淀积，由于受地形和自然条件的影响，形成了不同的土壤类型，潮土主要分布在河流两岸冲积扇的中下部和低洼地区。由于地下水位较高（一般在 2 ～ 4 m），地下水随毛细管上升到地表，参与成土过程。雨季时，地面水分增加，大部分渗入地下，使地下水位抬高，雨季过后，地下水位又逐渐降低，到冬春季节，地下水降至最低，到翌年雨季又上升。由于地下水升降频繁，氧化还原作用交替进行，在土壤剖面中形成大量的锈纹锈斑、铁子、铁锰结核等，这些也是潮土的主要特征。

潮土多为河流冲积母质和洪冲积母质，由于母质的不同，潮土的母质各异，一般河流冲积母质多为沙壤质。沙壤质土壤通透性好，水分上升和下降均较快，土壤的潮土化过程速度相应较快。而洪冲积母质，由于冲积距离较远，土壤颗粒较黏，一般质地较重，潮土化过程较慢。但不管质地轻重，都不能改变土壤发育的方向。满城县由于地下水位的逐年下降，土壤盐碱化的程度越来越小，没有盐化潮土的特征，只具有典型潮土的一般特征。

（三）草甸土

形成于满城县山谷河流两侧的潮土类型，为区别于平原的潮土而单列一个土类，主要特征多是河流冲积母质，地下水位埋深 1 ～ 3 m，心土有潜育化现象，层次不如潮土明显。

二、土壤类型特征及生产性能

（一）褐土

褐土是满城县主要土壤，根据母质的不同和碳酸钙的淋溶淀积及地下水有无参与成土过程，把褐土分为 4 个亚类。

褐土是满城县的地带性土壤，占土壤面积的 94%。发育在冲积扇的中上部，成土母质多为黄土和冲积母质。由于地势较高，排灌良好，地下水位较低。在土壤发育过程中，由于受气候条件的影响，既有碳酸钙的淋溶淀积，又有地下水的参与过程。由于淋溶作用，在土壤的心土层常有黏化现象，质地较重，并有假菌丝体和沙姜层，形成了褐土的典型特征。满城县受石灰岩石的影响，土壤为石灰性土壤，碳酸钙的含量较多。由于降雨的作用，土壤表面和上层的钙受雨水的淋洗、淀积，在剖面的下部形成了假菌丝钙积层和沙姜层。由于地下水上升和下降，产生氧化还原作用，形成铁锰结核和锈纹锈斑，这样就形成了满城县土壤具有褐土的特征。其土质疏松、耕性好，保水保肥力差，肥力较低。黄土层为古河冲积扇平原，成土母质为洪冲积物，层次较为清晰，一般有耕层、犁地层、钙积层和底土层。其土质疏松、耕性好，保水保肥力一般，肥力较高，有机质和其他养分含量为中上等，生产性能较高。

（二）潮土

潮土是满城县第二大土类，面积 3 138.77 hm^2，占总面积的 4.99%，目前，是粮食生产比较好的土壤，潮土只有一个亚类，5 个土属，即脱沼泽壤质，沙壤质洪冲积，轻壤质洪冲积，沙壤质冲积，轻壤质冲积。

脱沼泽壤质土壤分布在江城、尹庄、要庄乡，面积 664.33 hm^2，占总土地的 2.6%，表层质地多为轻壤，50 cm 以下是重壤，90 cm 以下是中壤，由于脱沼泽层靠上，对根系生长有影响，应注意种植小麦等须根系作物。土壤经过熟化后适合种植多种作物，耕层养分有机质含量为 15.32 g/kg，水解性氮 101 mg/kg，有效磷含量 7.17 mg/kg，速效钾 81.67 mg/kg，有效铁 3.01 mg/kg，有效锰 2.59 mg/kg，有效铜 0.68 mg/kg，有效锌 0.16 mg/kg。

沙壤质洪冲积面积为 65.93 hm^2，占总面积的 0.1%，主要分布在漕河两侧的大册营、贤台乡，该土壤质地为沙壤，透水性良好，土体内有锈纹锈斑，有机质含量为 9 g/kg，有效磷 5.67 mg/kg，速效钾 110 mg/kg，由于土壤质地多沙，在改良上注意掺黏改沙，增施有机肥，勤浇勤施。

轻壤质洪冲积土壤又称黑土，分布在大册营、大马坊和要庄等乡，面积 146.47 hm^2，占地 0.23%，通体轻壤，通透性良好，沙黏适中，易耕易管，地下水丰富，心土层有锈纹锈斑，在耕作管理上应注意增施有机肥，种养结合，充分发挥土壤潜在肥力。

（三）草甸土

满城第三大土类，土层较薄，土壤层次不明显，有少量铁锰结核，土体内常含有沙层和砾石层。耕层养分含量有机质含量 8.25 g/kg，全氮 0.63 g/kg，水解性氮 54.78 mg/kg，有效磷 502 mg/kg，速效钾 172 mg/kg，有效铁 3 mg/kg，有效锰 4.13 mg/kg，有效锌 0.16 mg/kg，有效铜 0.496 mg/kg，在改良利用上应注意增施有机肥料，雨后及时中耕锄草，适合种植粮棉多种作物。

第二节　有机质

一、土壤有机质含量

土壤有机质是衡量土壤肥力的重要指标之一，它是土壤的重要组成部分，它不仅是植物营养的重要来源，也是微生物生活和活动的能源。与土壤的发生演变、肥力水平和许多属性都有密切的关系，而且对于土壤结构的形成、熟化、改善土壤物理性质、调节水肥气热状况也起着重要作用。有机质中含有作物生长所需的各种养分，可以直接或间接为作物生长提供氮、磷、钾、钙、镁、硫和各种微量元素；影响和制约土壤结构形成及通气性、渗透性、缓冲性、交换性能和保水保肥性能，是评价耕地地力的重要指标；对耕作土壤来说，培肥的中心环节就是增施各种有机肥，实行秸秆还田，保持和提高土壤有机质含量。

经过对耕层土样的化验分析，对满城县土壤有机质的情况有了比较详细的了解。通过对本项目有机质化验结果统计，有机质平均含量为 15.25 g/kg, 变化范围 3.3 ～ 52.3 g/kg，91.1% 的测试点含量超过 10 g/kg。最高的是刘家台乡，平均含量 19.21 g/kg，其次是于家庄乡，平均含量 18.27 g/kg，最低的是坨南乡，平均含量 11.75 g/kg。在各乡镇耕层有机质含量状况见表 4–1。

表 4–1　满城县土壤有机质平均含量范围及分布

乡　镇	有机质（g/kg）		
	最大值	最小值	平均值
满城镇	31.1	7.0	14.97
大册营镇	30.9	5.3	15.62
神星镇	24.1	6.7	14.09
南韩村镇	31.8	3.3	14.61
方顺桥镇	33.7	7.3	17.06
于家庄乡	33.4	9.6	18.27
要庄乡	52.3	3.3	14.53
白龙乡	24.1	5.5	12.18
石井乡	20.5	5.6	12.86
坨南乡	25.1	5.9	11.75
刘家台乡	29.1	7.2	19.21
贤台乡	26.9	4.3	15.23
平均值	—	—	15.25

二、耕层土壤有机质含量分级及比例

满城县气候特征属于暖温带半湿润半干旱季风性气候，四季分明，雨热同期，春季干燥多风，夏季炎热多雨，秋季风和气爽，冬季寒冷稀雪。大陆性季节气候显著，平均气温 12.3 ℃，其生物、气候条件对有机质的分解极为有利。满城县耕地土壤有机质含量大部分处于四级水平，占到 78.50%；0.40% 的耕地有机质含量处于六级水平。有机质含量分级及比例见表 4–2。

表 4–2　耕层有机质含量分级及比例

级　别	1 级	2 级	3 级	4 级	5 级	6 级
范围 (g/kg)	> 40	30 ～ 40	20 ～ 30	10 ～ 20	6 ～ 10	<6
占耕地比例 (%)	0.08	0.54	11.98	78.50	8.50	0.40

三、耕层土壤有机质的时空变异

满城县在 20 世纪 80 年代进行的第二次全国土壤普查时，有机质平均含量为 10.71 g/kg，以 4 级为主，占到总面积的 42.73%，5 级占到 30.47%，6 级占到 26.11%。两者对比来看，满城县有机质平均含量增至 15.25 g/kg，增加了 40%。4 级地（10 ～ 20 g/kg）所占比例高达 78.50%。5 级地（6 ～ 10 g/kg）所占比例由 1984 年的 30.47% 下降到了 8.50%。由图 4–1 可知，有机质含量明显增加。

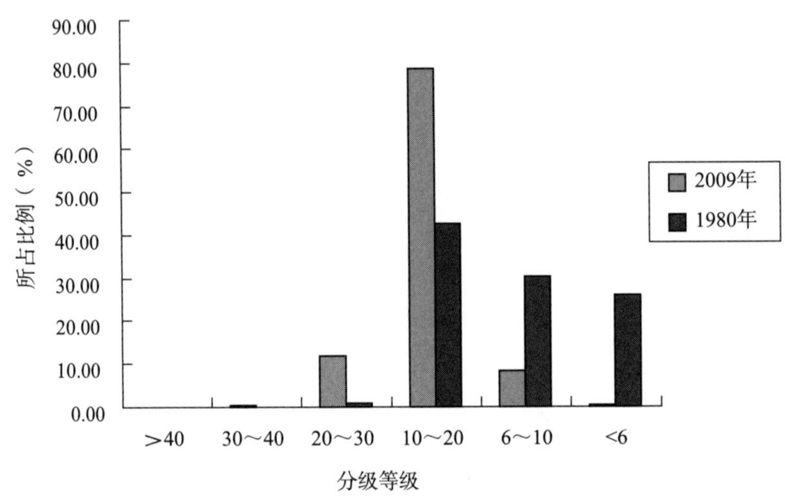

图 4–1　耕层有机质含量的空间变异图

四、增加土壤有机质含量的途径

土壤有机质的含量取决土壤有机质的年积累量和年矿化量的相对大小，当生成量大于矿化量时，有机质含量会逐步增加，反之，将会逐步降低。土壤有机质的矿化量主要受土壤温度、湿度、通气状况、有机质含量等因素影响。一般说来，土壤温度低、通气性差、湿度大时，土壤有机质矿化量较低；相反，土壤温度高、通气性好、湿度适中时则有利于土壤有机质的矿化。

农业生产中应注意创造条件，减少土壤有机质矿化量。增加有机物质施入量是人为增加土壤有机质含量的主要途径。其方法主要有秸秆还田、增施有机肥、施用有机无机复混肥三个方面。

第三节　大量元素

土壤养分主要包括氮（N）、磷（P）、钾（K）、钙（Ca）、镁（Mg）、硫（S）、铁（Fe）、硼（B）、钼（Mo）、锌（Zn）、锰（Mn）、铜（Cu）和氯（Cl）等元素。根据作物对它们的需要量可以将其划分为大量元素、中量元素和微量元素 3 类。其中，大量元素包括氮、磷、钾；中量元素包括钙、镁、硫；微量元素包括铁、锰、铜、锌、硼、钼、氯。这些元素只有在协调供应的条件下，才能达到优质、高效、高产的目的。氮（N）、磷（P）、钾（K）由于作物需要量很大，需通过施肥补充才能满足作物生长需要，因此称之为肥料三要素。土壤养分含量受成土条件、人为耕作、施肥等因素的影响，耕层土壤养分存在明显差异。

一、土壤中的氮素

氮是植物生长的必需营养元素，它与植物产量和品质的关系很大。土壤中氮素的含量受自然因素如母质、植被、温度和降水量等影响，同时也受人为因素如利用方式、耕作、施肥及灌溉等措施的影响。我国自然植被下土壤表土中氮素的含量与有机质含量密切相关。耕地土壤氮素含量除受到自然因素的影响外，更强烈地受到人为耕作施肥等因素的影响。

土壤氮素含量的剖面分布也因各种土壤的内部及环境因素有较大的差异。但基本趋势为：表层含氮量最高，以下各层随深度增加而锐减。

土壤水解性氮也称土壤碱解氮或土壤有效氮，它包括无机态氮和部分有机物质中易分解的比较简单的有机态氮，是铵态氮、硝态氮、氨基酸、酰胺和易水解的蛋白质氮的总和。水解性氮能更确切的反映出近期内土壤的供氮水平。

（一）耕层土壤水解性氮含量

经过对耕层土壤样本进行分析，满城县耕层土壤水解性氮平均含量为 78.1 mg/kg，范围 14 ～ 180 mg/kg。最高的是刘家台乡，平均含量 96.4 mg/kg；其次是方顺桥镇，平均含量为 86.8 mg/kg；最低的是石井乡。在各乡镇耕层水解性氮含量状况见表 4–3。

（二）耕层土壤全氮及水解性氮分级比例

土壤中的氮素主要以有机态存在，约占土壤全氮量的 90%，而这些含量的土壤氮素主要以大分子化合物的形式存在于土壤有机质中，作物很难吸收利用，属迟效型氮肥。水解性氮平均含量为 78.5 mg/kg，范围为 14 ～ 180 mg/kg，3、4 级水平占到 76% 左右。其含量分级及比例见表 4–4。

表 4-3　满城县土壤水解性氮平均含量及分布

乡　镇	水解性氮（mg/kg）		
	最大值	最小值	平均值
满城镇	180	20	72.1
大册营镇	121	46	82.4
神星镇	164	41	74.7
南韩村镇	133	14	74.6
方顺桥镇	158	15	86.8
于家庄乡	148	35	80.6
要庄乡	132	40	77.8
白龙乡	105	31	66.0
石井乡	117	32	65.7
坨南乡	139	37	84.6
刘家台乡	139	38	96.4
贤台乡	135	32	75.4
平均值	—	—	78.5

表 4-4　满城县耕层土壤水解性氮含量分级及比例

级　别	1 级	2 级	3 级	4 级	5 级	6 级
范围（mg/kg）	> 150	120 ～ 150	90 ～ 120	60 ～ 90	30 ～ 60	< 30
占总点数比例 (%)	0.15	3.85	22.15	54.21	19.24	0.40

（三）耕层土壤水解性氮时空变异

耕层土壤水解性氮时间变异，第二次土壤普查时，水解性氮平均含量为 58.2 mg/kg，含量在 60 ～ 90 mg/kg 的占到 54.21%。两者对比由图 4-2 可以看出，平均含量增加了 19.90 mg/kg，含量在 60 ～ 120 mg/kg 的占到 76% 左右。从 4、5 级水平为主升高到以 3、4 级为主。

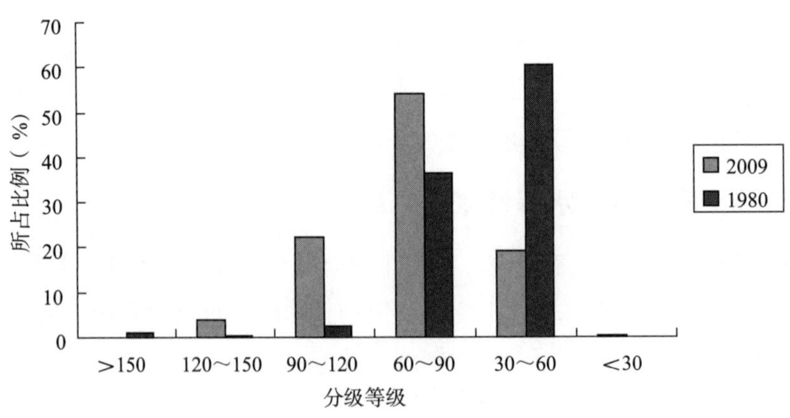

图 4-2　耕层水解性氮含量的空间变异图

二、土壤中的磷素

磷是植物生长过程中所需的必需矿质营养之一，具有重要的营养和生理功能。磷在土壤中主要以有机磷、难溶无机磷存在，同时磷容易被固定，迁移性小，因而磷的有效性偏低。

在 20 世纪 80 年代，磷是限制植物生长主要因子之一。

（一）耕层土壤有效磷含量

经过对满城县耕层土壤样本的化验分析，2009—2011 年满城县耕层土壤有效磷含量平均为 17.7 mg/kg，范围在 1.7 ～ 125 mg/kg。最高的是神星镇，平均含量 21.2 mg/kg；其次是南韩村镇，平均含量为 19.5 mg/kg；最低的是坨南乡，平均含量 12.2 mg/kg。各乡镇耕层有效磷含量状况见表 4–5。

表 4–5　满城县土壤有效磷养分平均含量及分布

乡　镇	有效磷（mg/kg）		
	最大值	最小值	平均值
满城镇	75.6	1.7	17.3
大册营镇	37.1	6.5	16.8
神星镇	61.4	6.9	21.2
南韩村镇	45.3	4.3	19.5
方顺桥镇	43.8	6.2	17.6
于家庄乡	125	7.2	19.3
要庄乡	56.2	5.7	15.8
白龙乡	34.1	6.2	14.0
石井乡	25.4	5.7	14.5
坨南乡	36.9	2.8	12.2
刘家台乡	34.2	6.2	16.5
贤台乡	43.7	5.8	18.3
平均值	—	—	17.7

（二）耕层土壤有效磷含量分级

耕层土壤中的磷一般以无机磷和有机磷两种形态存在，通常有机磷占全磷量的 20% ～ 50%，无机磷占全磷的 50% ～ 80%。无机形态磷中的易溶性磷酸盐及土壤胶体吸附的磷酸根离子和有机形态磷中易矿化的部分被称为土壤有效磷，约占土壤总磷量的 10%。土壤有效磷含量是衡量土壤养分容量和强度水平的重要指标。

满城县耕地土壤有效磷含量多处于较高级水平，按照第二次土壤普查有效磷分级标准，满城县耕层土壤有效磷含量仅有 0.48% 缺乏，处于 5、6 级水平；有 23.92% 的土壤有效磷含量极高，不需再施用磷肥；其他占75%的绝大多数耕层土壤有效磷含量较丰富，农业生产中只需适当补充磷肥即可。其含量分级及比例见表4–6。

表4–6　满城县耕层土壤有效磷含量分级及比例

级　别	1	2	3	4	5	6
范围 (mg/kg)	> 22	15 ～ 22	10 ～ 15	6.5 ～ 10	2.2 ～ 6.5	<2.2
占总点数比例 (%)	23.92	33.83	26.41	15.36	0.44	0.04

（三）土壤有效磷的时空变异

满城县第二次土壤普查时土壤有效磷平均含量为4.6 mg/kg，养分含量大部分处于中低水平，占到98%左右；与最新数据相比，有效磷含量有了很大的提高，有效磷含量在15 mg/kg以上的达到了85%，有效磷含量呈明显上升趋势。

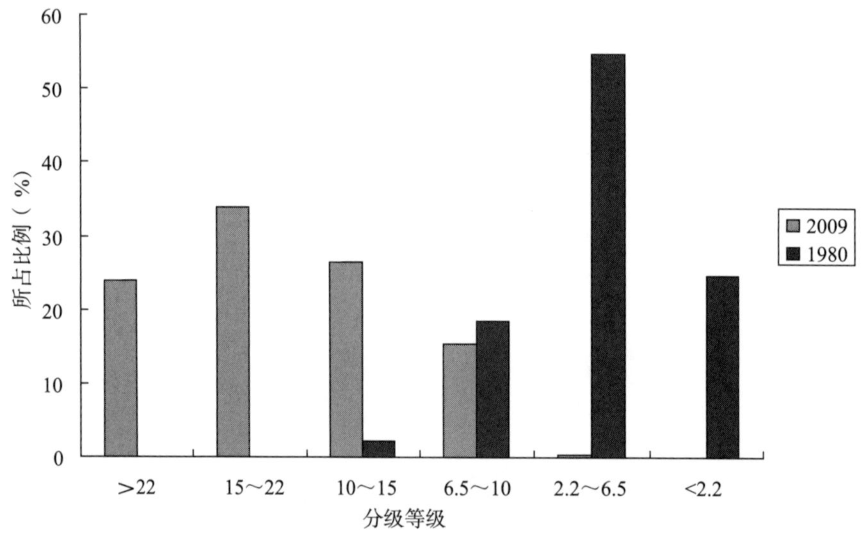

图4–3　满城县耕层土壤有效磷含量的时空变异图

三、土壤钾素

土壤中的钾一般分为矿物态钾、缓效性钾和速效性钾3部分。矿物态钾约占土壤全钾的96%，存在于矿物晶格如含钾长石、云母中，在短期内不能被植物利用，只有经过物理、化学过程从而被缓慢释放，并补充到缓效性钾和速效性钾之中。缓效性钾（缓效钾）主要指2∶1型层状硅酸盐矿物层间和颗粒边缘的一部分钾，通常占全钾量的5%，它能用1N–HNO_3提出，这部分钾与作物吸收的钾有密切关系。速效性钾（速效钾）包括被土壤胶体吸附的钾和土壤溶液中的钾，一般占全钾的1%～2%，能在短期内被作物吸收。

（一）缓效钾

满城县耕层土壤缓效钾含量整体处于较高水平，平均为 1 011 mg/kg，变幅较大，变化范围为 139 ～ 2 344 mg/kg。其中，于家庄乡等乡镇含量偏高，大册营镇含量偏低。

（二）速效钾

1. 耕层土壤速效钾含量

满城县耕层土壤速效钾含量平均为 130 mg/kg，变化范围在 15 ～ 293 mg/kg。最高的是坨南乡，平均含量为 157 mg/kg；其次是刘家台乡，平均含量为 156 mg/kg；最低的是石井乡，平均含量为 108 mg/kg。耕层土壤速效钾含量状况见表 4–7。

表 4–7　满城县土壤速效钾养分平均含量及分布

乡　镇	速效钾（mg/kg）		
	最大值	最小值	平均值
满城镇	224	50	133
大册营镇	200	50	113
神星镇	240	50	139
南韩村镇	293	19	118
方顺桥镇	242	56	142
于家庄乡	250	60	120
要庄乡	275	58	134
白龙乡	210	50	109
石井乡	207	55	108
坨南乡	283	52	157
刘家台乡	206	100	156
贤台乡	230	15	124
平均值	—	—	130

2. 耕层土壤速效钾分级及比例

土壤速效钾含量还与质地类型关系密切，沙壤和轻壤土含量较低，中壤和深位中层夹黏土壤含量较大，随土壤质地加重及含量的提高，不同土壤类型间差异比较明显。由于轻壤质潮褐土地势平坦，耕层质地适宜，有良好浇水条件的，其复种指数高，作物对土壤的移走量也大，加之有机肥用量不足等，土壤有效钾含量均不高。2009 年数据显示满城县耕层土壤速效钾以 2、3 级地为主，占总量的 68% 左右。耕层土壤速效钾含量分级及比例见表 4–8。

表 4-8　满城县耕层土壤速效钾含量分级及比例

级　别	1	2	3	4	5	6
范围 (mg/kg)	> 166	124 ～ 166	83 ～ 124	41 ～ 83	25 ～ 41	< 25
占总点数比例 (%)	19.25	30.90	37.32	12.34	0.07	0.12

3. 土壤速效钾的时空变异

满城县第二次土壤普查时，速效钾含量在 83 ～ 124 mg/kg 的占到 69.33%，124 ～ 166 mg/kg 的占到 15.43%。平衡施肥技术和秸秆还田的推广，农田施用钾肥数量明显提高。但随着粮食产量的大幅度提高，作物对钾素的吸收也大幅度增加。由图 4-4 可知，土壤速效钾含量发生总体为升高趋势。4 级地含量降低到 12.34%，3 级地含量降低到 37.32%，1 级地和 2 级地所占比例明显升高。

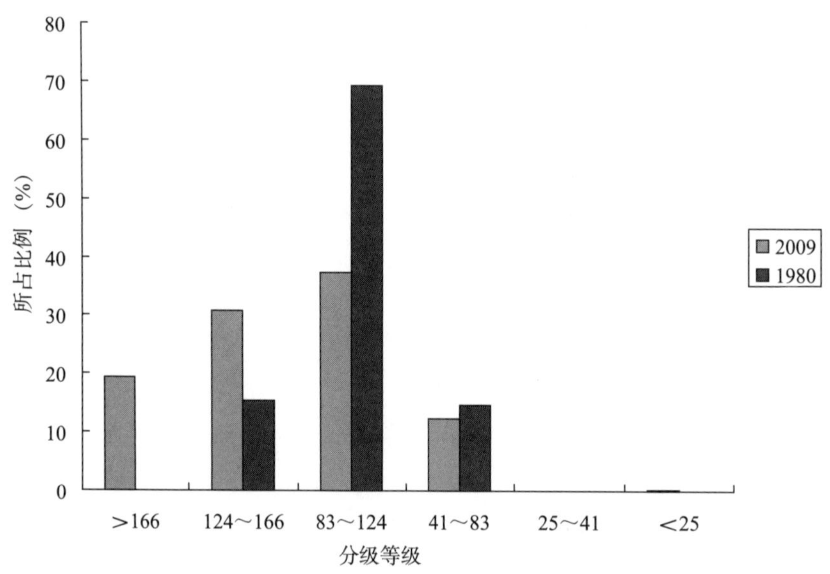

图 4-4　耕层土壤速效钾含量的时空变异图

第四节　中微量元素

微量元素是指某些元素尽管作物对它的需要量很少，但却与大量元素、中量元素同样重要，缺一不可，缺少某一种微量元素，即使施用再多的大量元素，也达不到增产效果。微量元素包括锌、锰、铁、铜、钼、氯等。本节主要针对满城县土壤有效锌、锰、铁、铜、硫、硼等 6 种中微量元素进行分析，这些元素对耕地地力和环境质量均起着重要的作用。

一、土壤有效锌

土壤中锌含量高低与成土母质、有机质含量、pH 值和土壤结构有关。在石灰性土壤上，有效态锌含量一般是很低的，这是由于 pH 值在 6.0 ～ 8.0 的范围内锌的溶解度最低。但有机质含量较高的土壤，由于可释放出较多的有效锌，土壤往往含有较高的有效锌。

满城县耕层土壤有效锌含量平均为 1.12 mg/kg，变幅在 0.10 ～ 13.4 mg/kg。有效锌平均含量最高的在大册营镇和于家庄乡，为 1.39 mg/kg；最低在白龙乡含量为 0.60 mg/kg（表 4–9）。

表 4–9 满城县土壤微量元素有效锌平均含量及分布

乡 镇	有效锌（mg/kg）		
	最大值	最小值	平均值
满城镇	5.11	0.12	1.09
大册营镇	2.92	0.16	1.39
神星镇	14.50	0.11	1.34
南韩村镇	11.15	0.10	1.00
方顺桥镇	9.34	0.11	1.31
于家庄乡	8.85	0.17	1.39
要庄乡	4.97	0.15	0.89
白龙乡	1.63	0.16	0.60
石井乡	1.69	0.22	0.68
坨南乡	2.17	0.07	0.72
刘家台乡	1.77	0.21	0.94
贤台乡	13.4	0.16	1.27
平均值	—	—	1.12

与第二次土壤普查结果相比，20 多年来由于肥料的合理施用，土壤有效锌含量逐年增加，满城县耕层土壤有效锌含量多处于 2、3、4 级，占 86% 以上。说明随着种植经验的积累，农户已经意识到微肥的重要性。土壤有效锌分级及比例见表 4–10。

表 4–10 满城县耕层土壤有效锌含量分级及比例

级 别	1	2	3	4	5
范围 (mg/kg)	>3.0	1.0 ～ 3.0	0.5 ～ 1.0	0.3 ～ 0.5	<0.3
占总点数比例 (%)	7.18	20.95	43.18	22.45	6.24

二、土壤有效锰

锰是作物正常生长发育所必需的微量营养元素，在作物体内代谢过程中具有多方面的功能。对锰敏感的作物非常多，几乎包括了主要粮、棉、油作物及果树和蔬菜。

通过对满城县耕层土壤分析可知，满城县耕层土壤有效锰含量平均为 4.96 mg/kg，变化幅度在 0.0 ～ 18.0 mg/kg，最高的是刘家台乡，平均含量 8.77 mg/kg，其次是坨南乡，平均含量 7.76 mg/kg，最低的是石井乡，平均含量 3.23 mg/kg。满城县土壤微量元素有效锰平均含量及分布见表 4–11。

满城县耕层土壤有效锰含量级别以 3、4 级为主，占到 97% 以上，含量处于中低水平，满城县土壤锰含量普遍不高，高产田块需要注意锰肥的施用。耕层土壤有效锰含量分级如表 4–12。

表 4–11　土壤微量元素有效锰平均含量及分布

乡　镇	有效锰 (mg/kg)		
	最大值	最小值	平均值
满城镇	15.7	0.1	4.22
大册营镇	14.6	0.0	4.81
神星镇	13.7	0.4	4.02
南韩村镇	16.3	0.1	4.50
方顺桥镇	13.7	0.1	4.88
于家庄乡	15.8	0.6	4.98
要庄乡	14.4	0.2	4.23
白龙乡	5.7	1.4	3.42
石井乡	9.4	0.8	3.23
坨南乡	18.0	0.01	7.76
刘家台乡	16.4	2.6	8.77
贤台乡	13.0	0.5	4.74
平均值	—	—	4.96

表 4–12　耕层土壤有效锰含量分级及面积

级　别	1	2	3	4	5
范围 (mg/kg)	>30	15 ～ 30	5 ～ 15	1.0 ～ 5	<1.0
占总点数比例 (%)	0.07	0.40	29.98	67.41	2.14

三、土壤有效铜

满城县耕层土壤有效铜含量平均为 0.89 mg/kg，变幅在 0.01 ～ 19.22 mg/kg。绝大面积的耕地土壤有效铜含量比较丰富。最高的是大册营镇，平均含量 1.29 mg/kg；其次是于家庄乡，平均含量 1.17 mg/kg；最低的是刘家台乡。满城县土壤微量元素有效铜平均含量及分布见表 4–13。

表 4–13　满城县土壤微量元素有效铜平均含量及分布

乡　镇	有效铜（mg/kg）		
	最大值	最小值	平均值
满城镇	10.94	0.05	0.71
大册营镇	19.22	0.08	1.29
神星镇	14.36	0.10	0.76
南韩村镇	17.48	0.01	0.96
方顺桥镇	12.42	0.02	1.05
于家庄乡	7.37	0.20	1.17
要庄乡	11.94	0.02	0.73
白龙乡	3.68	0.28	0.59
石井乡	3.37	0.34	0.76
坨南乡	2.71	0.24	0.51
刘家台乡	0.77	0.21	0.44
贤台乡	14.3	0.08	0.92
平均值	—	—	0.89

按照第二次土壤普查养分分级标准，满城县土壤有效铜含量大部分处于 2、3 级水平，约占到 92%；有 5.76% 左右的土壤有效铜含量极高。满城县耕层土壤普遍不缺铜。1984 年满城县土壤有效铜的含量平均为 0.52 mg/kg，含量均大于 0.2 mg/kg，满城土壤不缺铜，耕层土壤有效铜含量分级及比例如表 4–14。

表 4–14　满城县耕层土壤有效铜含量分级及比例

级　别	1	2	3	4	5
范围 (mg/kg)	>1.8	1 ～ 1.8	0.2 ～ 1.0	0.1 ～ 0.2	<0.1
占总点数比例 (%)	5.76	10.61	81.71	1.35	0.57

四、土壤有效铁

铁是土壤中含量较高的元素之一，满城县耕层土壤有效铁含量平均为 4.92 mg/kg，变幅在 0.1 ～ 12.9 mg/kg。其中，最高的是大册营镇和坨南乡，平均含量 4.39 mg/kg，其次是石井乡，平均含量 4.27 mg/kg，最低的是贤台乡。满城县境域内大多数土壤中有效铁含量偏低，如满城镇、神星镇和南韩村镇，需要施用微肥来增加产量。

表 4–15　满城县土壤微量元素有效铁平均含量及分布

乡　镇	有效铁 (mg/kg)		
	最大值	最小值	平均值
满城镇	12.9	0.1	3.88
大册营镇	8.3	0.2	4.39
神星镇	10.9	0.1	3.94
南韩村镇	9.2	0.1	3.81
方顺桥镇	9.7	0.6	3.75
于家庄乡	10.1	1.5	3.64
要庄乡	10.3	0.4	3.75
白龙乡	5.3	2.6	4.02
石井乡	8.2	1.2	4.27
坨南乡	8.3	0.2	4.39
刘家台乡	9.7	0.6	3.75
贤台乡	10.4	0.6	3.49
平均值			4.92

耕层土壤有效铁含量以 3、4、5 级为主，占到 99% 左右，满城县较高水平的有效铁含量几乎没有，有效铁含量分级及所占比例见表 4–16。

表 4–16　满城县耕层土壤有效铁含量分级及比例

级　别	1	2	3	4	5
范围 (mg/kg)	>20	10 ～ 20	4.5 ～ 10	2.5 ～ 4.5	<2.5
占总点数比例 (%)	0	0.22	26.51	59.00	14.27

五、有效硫

硫是作物必需的 16 种营养元素之一，它是构成含硫氨基酸和蛋白质的基本元素，是合成其他生物活性物质的重要成分，直接参与作物新陈代谢。合理使用硫肥，对于提高作物产量、改善产品品质、增强作物抗逆性具有重要作用。我国土壤缺硫面积日益增加，成为影响农作物产量和质量的潜在因素。

经测定满城县土壤有效硫含量平均为 43.8 mg/kg，处于 3、4 级水平。

六、有效硼

土壤中的有效硼是指植物可以从土壤中吸收利用的硼，它对植物体内的物质运输、生物膜透性、花粉萌发、受精作用以及木质素的形成和输导组织的分化均有重要作用，并能够抑制有毒酚类化合物形成，直接影响植物的生长发育。植物对硼的缺乏、适量和中毒含量之间的变幅很小。

经测定满城县土壤有效硼含量平均为 0.94 mg/kg，处于 3 级水平。

七、微量元素时空变异

第二次土壤普查数据得出，满城县土壤只表现出缺锌状况，其他微量元素均处于中等或低等水平。经过近 30 年的肥料利用变化，由图 4–5 可知，土壤中微量元素含量普遍增加，但增加的幅度不同，有效锌增加了 0.85 mg/kg，有效铁增加了 1.27 mg/kg，有效铜增加了 0.3 mg/kg，有效锰增加的最少，为 0.11 mg/kg。

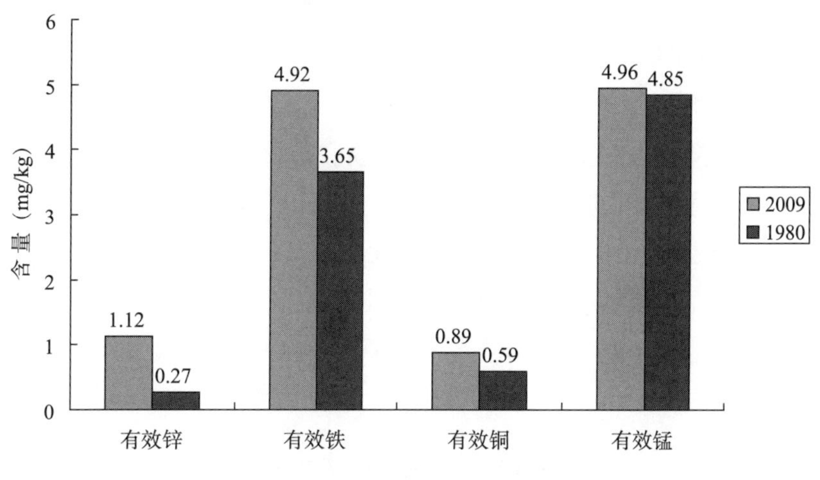

图 4–5　微量元素时空变异图

八、微肥的施用与推广

近年来，各地微肥推广结果表明，在土壤含量较低或对微量元素敏感的作物上施用微肥具有较明显的提高产量和改善品质效果。根据以上调查结果，满城县耕层土壤铁、锰、铜、锌的含量大部分面积均未呈现缺乏状态，因而微肥施用的重点应在高产地块，应用作物为玉米、果树等。

锌肥可防治玉米白苗病，苹果、梨、桃树小叶病，并能改善作物生长状况，增加产量，提高品质。满城县耕层土壤有效锌含量多处于 2、3、4 级，占 86% 以上；满城县耕层土壤铁含量处于 3、4、5 级水平，目前大田作物尚不缺铁肥，铁肥在果树上用来防治果树黄叶病的效果较为明显；满城县耕层土壤有效锰有 97% 左右处于中等水平，锰肥对防治小麦缺锰花叶病、菠菜黄病有明显效果；耕层土壤有效铜有 92% 属于 2、3 级（高）水平，铜含量丰富，不用专门施用。

目前，常用的锌、锰、铜、铁肥主要是硫酸盐类和铵盐类化合物，可用来基施、追施、浸种、蘸秧根和叶面喷施，以基施效果最佳，简便易行。叶面肥在果树和蔬菜上喷施效果较好，浓度应控制在 0.2% 左右。含微量元素复混肥、冲施肥多用于基施或追施，施用量根据其成分组成而定，公顷施用量每次不宜超过 15 kg。果树施铁肥数量较大，施用方法主要是叶面喷施和枝干注射硫酸亚铁溶液，在有效铁含量很低的土壤上，采用挖沟、穴灌 2% 的硫酸亚铁溶液或将有机肥与铁肥按比例混合施入，可以有效地补充土壤铁素不足，且肥效较长，效果明显。

第五节　其他属性

一、土壤 pH 值

土壤酸碱度对土壤肥力及植物生长影响很大，我国西北、北方土壤 pH 值大，南方红壤 pH 值小。不同酸碱度的土壤可以种植的作物和植物的种类差异很大。如红壤地区可种植喜酸的茶树，而苜蓿的抗碱能力很强。土壤酸碱度对养分的有效性影响也很大，如中性土壤中磷的有效性大；碱性土壤中微量元素（锰、铜、锌等）有效性差。在农业生产中应该注意土壤的酸碱度，积极采取措施，加以调节。

土壤酸碱度，主要取决于土壤溶液中氢离子的浓度，以 pH 值表示。土壤酸碱度一般可分为 7 级（表 4–17）。

表 4–17　土壤酸碱度分级标准

pH 值	<4.5	4.5 ～ 5.5	5.5 ～ 6.5	6.5 ～ 7.5	7.5 ～ 8.5	8.5 ～ 9.5	>9.5
级别	极强酸性	强酸性	酸性	中性	碱性	强碱性	极强碱性

满城县耕层土壤 pH 值均为微碱性，2009 年数据显示平均为 8.3，变幅在 7.4 ～ 9.1。适合各种作物生长。

由于近 20 年来化肥用量增加，有机肥较少，造成土壤偏碱、结板，部分地区出现次生盐渍化，pH 值升高。为此，降低土壤 pH 值、增施有机肥、种植绿肥也是满城县土壤改良的内容之一。

二、土壤质地

满城县土壤表层质地有 4 级，沙质、沙壤、轻壤、中壤，其中，以壤质潮褐土、轻壤土分布面积最大。

（一）沙质土

满城县具有沙质土面积为 1.63×10^4 hm^2，分布在西北部低山丘陵，占总耕地面积的 25.9%。这类土壤大于 0.01 mm 的砾粒达 80% 以上，土壤具有的水、肥、气、热的状况如下。

（1）土种疏松，有利于作物出苗和扎根，耕作容易，耕性良好，通透性好。

（2）粒间孔隙大，降水或灌溉后渗漏严重，保水性能很弱，抗旱能力不强。

（3）通气良好，有机质分解快，矿质养分少，保水保肥能力差。养分易流失。

（4）水少气多，土温上升快，土性发暖，容易出苗。因此，沙土的生产特征是养分瘠薄，不保水肥，不耐旱，发小苗不发老苗。

改良沙土的关键，在于提高土壤的蓄水保肥能力。如增施有机肥，在风沙严重的河漫滩上，植树种草固定沙土，都是改良沙土的有效措施。

（二）壤土

土壤颗粒小于 0.01 mm 的物理黏土占 20% ～ 60%，其特征介于沙土与黏土之间。由于沙黏配合适当，农业生产性良好，兼有砾土和黏土之长处。具有适当的保水保肥性能，通气透气性强。又具有良好的耕性，是农业生产上较理想的土壤质地类型。是满城县最大的土种，占总耕地面积的 72%。

沙壤土质地疏松、易耕作，但保肥保水力弱，养分含量低，没后劲，易拿苗，不发苗，作物生长不好，产量较低，占满城县耕地总面积的 70%。

轻壤土质地较松，耕性良好，通透性好，抗涝不抗旱，养分含量中等，保肥保水性能较差，但生长无后劲，产量往往偏低。轻壤土在满城县有 1 257.33 hm^2 面积的分布，占满城县耕地总面积的 2%。

（三）中壤

中壤土适耕性长，耕性良好，通透性和保肥保水能力适中，供肥性良好，不黏不硬，抗旱抗涝，土壤中水、肥、气、热状况协调，适种各种作物及蔬菜。满城县中壤土面积不大，占总耕地面积的 2.1%。

第六节　耕地养分变化动态

一、耕层土壤有机质及氮磷钾变化动态

第二次土壤普查距今已有近 30 年的时间，满城县土壤养分含量发生了显著变化。

与第二次土壤普查结果相比（表 4–18），土壤水解性氮含量显著提高，由 58.19 mg/kg 增加到 78.46 mg/kg，增加了 34.83%。有效磷含量由 4.60 mg/kg 增加到 17.72 mg/kg，提高了 285.22%。速效钾由 104.02 mg/kg 增加到 129.94 mg/kg，提高了 24.92%。有机质含量由 10.71 g/kg 提高到 15.25 g/kg，提高了 42.39%。

表 4-18　满城县不同时期土壤养分化验结果对比

项　目	二次土壤普查	2009 年土样	增量（%）
水解性氮 (mg/kg/)	58.19	78.46	34.83
有效磷 (mg/kg/)	4.60	17.72	285.22
速效钾 (mg/kg/)	104.02	129.94	24.92
有机质 (mg/kg/)	10.71	15.25	42.39

二、耕层土壤微量元素变化动态

第二次土壤调查数据显示，20 世纪 80 年代满城县土壤有效锌、有效铁、有效锰、有效铜含量分别为 0.27 mg/kg、3.65 mg/kg、4.85 mg/kg、0.59 mg/kg。20 多年来由于肥料的合理施用，土壤养分逐年增加。2009 年测土配方施肥数据显示，土壤有效锌平均含量为 1.12 mg/kg，含量多处于 2、3、4 级水平。土壤有效锰含量平均为 4.96 mg/kg，含量级别以 3 级和 4 级为主。土壤有效铜含量平均为 0.89 mg/kg，绝大面积的耕地土壤有效铜含量比较高。土壤有效铁含量平均为 4.92 mg/kg，中、低等水平为主，占到 99% 左右。

表 4-19　满城县不同时期土壤养分化验结果对比

项　目	二次土壤普查	2011 年土样	增量（%）
有效铁 (mg/kg)	3.65	4.92	34.79
有效锰 (mg/kg)	4.85	4.96	2.27
有效铜 (mg/kg)	0.59	0.89	50.85
有效锌 (mg/kg)	0.27	1.12	314.81

第五章　耕地地力评价

第一节　耕地地力分级

一、耕地地力等级面积统计

本次耕地地力调查，结合当地实际情况，选取与农业生产有密切关系的因素，建立评价指标体系。以 1∶50 000 耕地土壤图、土地利用现状图、基本农田保护区现状图 3 种图件叠加形成的图斑为评价单元。利用 ARCGIS 和 MAPINFO 软件，对评价图属性库进行操作，检索统计耕地各等级的面积及图幅总面积。以满城县耕地总面积 2.51×10^4 hm^2 为基准，按面积比例进行平差，计算各耕地地力等级面积（表 5-1 和图）。

表 5-1　满城县农用地等级分布情况表

级别	总面积（hm^2）	占总耕地比重（%）
一	3 586	14.3
二	11 775	47.0
三	8 314	33.2
四	788	3.1
五	307	1.2
六	308	1.2
合计	25 078	100.0

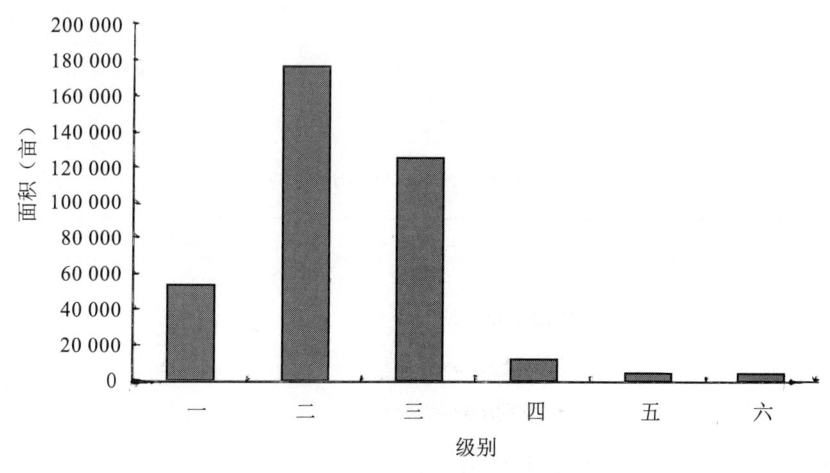

图　满城县农用地各级所占面积

满城县县域地力分级结果显示：满城县农用地的质量以一二三级为主。其中，二三级地所占比重占农用地总量的 80.2%，四五六级地占到所有耕地的 5.5%，一级地面积占 14% 左右，说明满城县农用地总体质量中等偏上。

满城县耕地总的情况是二级地面积最大，其次是三级地。各等级耕地面积按大小排顺序为二级地 > 三级地 > 一级地 > 四级地 > 六级地 > 五级地。

二、耕地地力等级地域分布

从等级分布图上可以看出，满城县耕地二三级地面积较大，五级地面积最小。

（1）一级地　一级地面积占耕地总面积的 14.3%。主要分布于方顺桥镇和满城镇。白龙乡、石井乡、坨南乡、刘家台乡无一级地分布。

（2）二级地　二级地是满城县分布面积最大的耕地类型，占耕地总面积的 47.0%。其中满城镇分布面积最大，其次是大册营镇。白龙乡、石井乡、坨南乡、刘家台乡无二级地分布。

（3）三级地　三级地面积占耕地总面积的 33.2%。其中神星镇分布面积最大。满城镇、大册营镇、南韩村镇、白龙乡、石井乡几个乡镇分布较多，方顺桥镇、坨南乡、刘家台乡、贤台乡无三级地分布。

（4）四级地　四级地占耕地总面积的 3.1%，其中刘家台乡分布面积最大，占四级地总面积的 91%，其余分布于神星镇、白龙乡、石井乡和坨南乡。

（5）五级地　满城县五级地面积最小，只有 307.42 hm^2，主要分布在石井乡和坨南乡，其余零星分布于其他各乡镇。

（6）六级地　满城县六级地面积很小，只有 307.82 hm^2，主要分布在神星镇、石井乡和坨南乡。

将耕地地力等级分布图与满城县行政区划图进行叠置分析，从耕地地力等级行政区域分布数据库中按权属字段检索出各等级的记录，统计各级地在各乡镇的分布状况，如表 5-2 所示。

表 5-2　满城县各乡镇耕地地力等级分布　　（单位：hm^{2-}）

乡　镇	一级地面积	二级地面积	三级地面积	四级地面积	五级地面积	六级地面积	合计面积
满城镇	554	2 849	1 002	0	0	0	4 405
大册营镇	305	2 745	1 442	0	0	0	4 492
神星镇	44	237	2 016	15	0	74	2 387
南韩村镇	344	21	1 611	0	0	0	1 976
方顺桥镇	1 076	2 207	0	0	0	0	3 283
于家庄乡	783	702	216	0	0	0	1 701
要庄乡	291	1 351	145	0	0	0	1 787

（续表）

乡　镇	一级地面积	二级地面积	三级地面积	四级地面积	五级地面积	六级地面积	合计面积
白龙乡	0	0	930	7	0	0	937
石井乡	0	0	951	20	159	149	1 278
坨南乡	0	0	0	29	149	85	263
刘家台乡	0	0	0	717	0	0	717
贤台乡	188	1 664	0	0	0	0	1 852
合　计	3 586	11 775	8 314	788	307	308	25 078

第二节　耕地地力等级分述

一、一级地

（一）面积与分布

一级地，综合评价指数大于0.9，耕地面积3 585.70 hm^2，占满城县耕地总面积的14.3%。土层深厚，排给水良好，保水、保肥性能良好，利用上几乎没有限制因素，适宜各种作物生长，是高产、稳产农业生产基地。一级地在满城县各个乡镇均有分布，其中，方顺桥镇、于家庄乡、满城镇分布面积相对较大，分别占到一级地总面积的30%、21.8%、15.5%（表5–3）。

表5–3　一级地在满城县各乡镇的面积分布

乡　镇	面积（hm^2）	占一级地面积（%）	占总耕地面积（%）
满城镇	554	15.5	2.2
大册营镇	305	8.5	1.2
神星镇	44	1.2	0.2
南韩村镇	344	9.6	1.3
方顺桥镇	1 076	30.0	4.3
于家庄乡	783	21.8	3.1
要庄乡	291	8.1	1.2
白龙乡	0	0	0
石井乡	0	0	0
坨南乡	0	0	0
刘家台乡	0	0	0
贤台乡	188	5.3	0.8
合　计	3 586	100	14.3

（二）合理利用

一级地是满城县最好的土壤，各种评价指标均属良好型。地面平坦，土层较深厚，排水良好，灌溉设施完善，易于耕作，适耕期长。土壤养分水平较高，保水保肥性能好，利用上几乎没有限制因素，适宜于各种植物生长，是高产、稳产农业生产基地。实际生产中应切实加强对该类耕地的保护，严格控制建设用地，做到用地养地，持续利用。在今后的农业生产中应注意两点：一是增施有机肥料，实行秸秆还田，增加土壤有机质含量，适量补充微肥。二是调整肥料投入比例，提高化肥利用率，防止土壤酸化、盐渍化。

二、二级地

（一）面积与分布

二级地，综合评价指数为 0.8 ～ 0.9，耕地面积 11 775.46 hm^2，占满城县耕地总面积的 47%。二级地是满城县分布面积最大的耕地类型，在满城县各个乡镇均有分布，其中，满城镇分布面积最大，占满城县二级地总面积的 24.2%；其次为大册营镇，二级地分布面积占到二级地总面积的 23% 左右（表 5-4）。

表 5-4　满城县各乡镇二级地分布

乡　镇	面积（hm^2）	占二级地面积（%）	占总耕地面积（%）
满城镇	2 849	24.2	11.3
大册营镇	2 745	23.3	10.9
神星镇	237	2.0	0.9
南韩村镇	21	0.2	0.1
方顺桥镇	2 207	18.7	8.9
于家庄乡	702	6.0	2.8
要庄乡	1 351	11.5	5.5
白龙乡	0	0	0
石井乡	0	0	0
坨南乡	0	0	0
刘家台乡	0	0	0
贤台乡	1 664	14.1	6.6
合　计	11 775	100	47.2

（二）合理利用

二级地主要分布在一级地周边，地势较平坦，土层深厚，水浇条件良好，养分水平较高，保肥保水性能较好，试种作物广泛。综合分析二级地土壤，主要存在的农业生产不利因素是部分耕地养分比例不协调，有机质含量稍低。

其合理利用应主要从土壤入手，注意增施有机肥料，培肥地力，可采取深耕等措施，改良土壤质地及构型，同时与农田基本建设措施相结合，建设高产稳产农田。实行秸秆还田是改善土壤质地状况、增加土壤保水保肥能力的重要途径。合理确定氮、磷、钾与微肥的比例和数量、施用时期和方法，以便最大限度地发挥各种肥料的增产潜力。

三、三级地

（一）面积与分布

三级地，综合评价指数为 0.65 ～ 0.8，总耕地面积 8 313.67 hm^2，占满城县耕地总面积的 33 %，是满城县的又一主要耕地等级类型。三级地的比重近年来逐渐降低，并有向一二级地转化的趋势。目前，满城县三级地仍广泛分布于满城县的各个乡镇，其中，满城镇、大册营镇、神星镇、南韩村镇几个乡镇分布较多，分别占三级地总面积的 12.1%、17.3%、24.3%、19.4%（表 5-5）。

表 5-5　满城县各乡镇三级耕地分布

乡　镇	面积（hm^2）	占三级地面积（%）	占总耕地面积（%）
满城镇	1 002	12.1	4.0
大册营镇	1 442	17.3	5.7
神星镇	2 016	24.3	8.0
南韩村镇	1 611	19.4	6.4
方顺桥镇	0	0	—
于家庄乡	216	2.6	0.8
要庄乡	145	1.7	0.6
白龙乡	930	11.2	3.8
石井乡	951	11.4	3.9
坨南乡	0	0	0
刘家台乡	0	0	0
贤台乡	0	0	—
合　计	8 314	100	33.2

（二）改良与利用

今后的改良利用应做好以下几个方面：一是提高地力，增加土壤有机质的含量。通过试验证明，土壤有机质相差近一倍，而产量却相差两倍多，而增加秸秆还田的数量，是使土壤有机质得到逐年积累的重要手段。二是协调氮磷钾比例，适当控制磷肥用量，增加钾肥用量。三是部分地区排涝能力较弱，应提高排涝能力。

四、四级地

（一）面积与分布

四级地，综合评价指数为0.6～0.65，其总面积为787.91 hm^2，占满城县耕地总面积的3.1%。四级地主要分布在刘家台乡，占四级地总面积的91%。白龙乡、神星镇、石井乡、坨南乡的四级地面积较小，分别占四级地总面积的0.9%、1.9%、2.5%、3.7%，其余乡镇没有四级地的分布（表5-6）。

表5-6 满城县各乡镇四级耕地分布

乡　镇	面积（hm^2）	占四级地面积（%）	占总耕地面积（%）
满城镇	0	0	0
大册营镇	0	0	0
神星镇	15	1.9	0.1
南韩村镇	0	0	0
方顺桥镇	0	0	0
于家庄乡	0	0	0
要庄乡	0	0	0
白龙乡	7	0.9	0.02
石井乡	20	2.5	0.1
坨南乡	29	3.7	0.1
刘家台乡	717	91.0	2.8
贤台乡	0	0	0
合　计	788	100	3.12

（二）改良与利用

该等耕地主要分布区土壤质地偏沙，有机质等土壤养分含量偏低，适宜粮、果、蔬、药各类作物的种植，农作物一年二熟，是主要的果树和药材种植基地。该部分耕地的改良利用主要从3个方面着手，一是加强农田基本建设，因地制宜地兴修水利，完善灌排设施，发展节水灌溉和旱作农业；二是增加对耕地的养分投入，增施有机肥料，培肥土壤，防止养分流失；三是合理发展中草药，发展果品生产，适当增加钾肥和微量元素的补充。

五、五级地

（一）面积与分布

五级地，面积307.42 hm^2，占满城县耕地总面积的1.2%。主要分布在石井乡和坨南乡的沙质土壤上，分别占五级地面积的51.5%、48.5%。其余各乡镇没有五级地的分布

（表 5-7）。

表 5-7　满城县各乡镇五级耕地分布

乡　镇	面积（hm²）	占五级地面积（%）	占总耕地面积（%）
满城镇	0	0	0
大册营镇	0	0	0
神星镇	0	0	0
南韩村镇	0	0	0
方顺桥镇	0	0	0
于家庄乡	0	0	0
要庄乡	0	0	0
白龙乡	0	0	0
石井乡	159	51.5	0.6
坨南乡	149	48.5	0.6
刘家台乡	0	0	0
贤台乡	0	0	0
合　计	307	100	1.2

（二）改良与利用

该等耕地主要分布在河流故道区及干旱的河流两侧，土壤质地偏沙，养分及有机质含量低，土壤排灌能力低。适宜种植果树及抗旱耐瘠薄的杂粮作物。该部分耕地的改良利用主要从三个方面着手，一是加强农田基本建设，兴修水利，修建灌排设施，发展节水灌溉和旱作农业；二是增加养分投入，尤其增加有机肥料的投入，加大力度培肥土壤，同时注重防止养分流失；三是栽植适宜的果树，发展果品生产。

六、六级地

（一）面积与分布

满城县六级地面积很小，只有 307.82 hm²，主要分布在神星镇、石井乡和坨南乡，占满城县耕地总面积的 1.2%。分别占六级地面积的 24.1%、48.3 %、27.6%（表 5-8）。

表 5-8　满城县各乡镇六级耕地分布

乡　镇	面积（hm²）	占六级地面积（%）	占总耕地面积（%）
满城镇	0	0	0
大册营镇	0	0	0
神星镇	74	24.1	0.3
南韩村镇	0	0	0
方顺桥镇	0	0	0

（续表）

乡　镇	面积（hm^2）	占六级地面积（%）	占总耕地面积（%）
于家庄乡	0	0	0
要庄乡	0	0	0
白龙乡	0	0	0
石井乡	149	48.3	0.6
坨南乡	85	27.6	0.3
刘家台乡	0	0	0
贤台乡	0	0	0
合　计	308	100	1.2

（二）改良与利用

该等耕地主要分布在山区及半山区，土壤颗粒较粗，养分含量低，无灌溉设施，适宜种植耐旱的果树及抗旱耐瘠薄的杂粮作物。该部分耕地的改良利用主要从 3 个方面着手，一是加强农田基本建设，兴修水利，修建灌排设施，发展节水灌溉和旱作农业；二是增加养分投入，尤其增加有机肥料的投入，加大力度培肥土壤，同时注重防止养分流失。三是栽植适宜的果树，发展果品生产。

第三节　耕地地力评价结果验证

由河北农业大学、保定市农业局、满城县农业局组成技术专家队对满城县地力评价结果进行了实地验证，验证采取专家验证与实地调查相结合的方法进行。

通过实地调查、专家论证，对满城县耕地地力分布情况和等级数量进行了验证，验证结果为：耕地地力评价结果与满城县耕地实际情况吻合较好。满城县耕地地力等级分为六级，其中，肥力水平较高的一二级地主要分布在方顺桥镇、满城镇、大册营镇等乡镇；地力水平中等的三四级地主要在满城镇、大册营镇、南韩村镇、刘家台乡等乡镇；地力水平较低的五六级地主要分布在石井乡、坨南乡、神星镇等乡镇。

此次耕地地力评价明确了满城县耕地地力等级，能较好地指导满城县农业生产工作，实现农业生产的科学规划、布局和种植，为促进满城县农业增效、粮食增产和农民增收创造了良好条件。

第六章　中低产田类型及改良利用

第一节　中低产田类型及分布

一、中低产田类型

中低产田是从耕地、粮食产出能力与土壤—自然环境—社会经济技术的投入关系进行比较、研究而言的，是在一定时限一定地域内，由于受某些障碍因素制约，粮食产量低于某一规定指标的耕地。中低产田的概念是一个相对的动态的概念。这是一个包含土壤、肥料、农学、农田水利、地貌、气象、农业经济等多学科内容的内涵更丰富的概念。它具有两个特点：一是划分中低产田地的粮食产量指标具有时限性、地域性，即在不同的社会经济技术发展时期，在不同的气候类型区域，确定中低产田地的粮食指标应不同。二是划分中低产田的指标是由耕地粮食产出量和影响耕地产出能力的各主要因素指标结合构成。只要人类利用自然资源能力未达极限，满足作物生长的耕地条件没有达到完美程度，中低产田总是存在，中低产田改良工作是长期的。

中低产田划分比较常用的方法是以粮食平均单产为基础，上下浮动 20% 作为划分高产、中产、低产田的标准。上、下限之间的耕地为中产田，高于上限的为高产田，低于下限的为低产田。

二、面积分布

耕地利用评价中三级地及以下为中低产田，满城县中低产田面积为 9 716.84 hm^2，占总耕地面积的 38.7%，主要分布在神星镇、贤台乡、要庄乡、于家庄乡、白龙乡、石井乡、刘家台乡和坨南乡部分村。各乡镇中低产田情况见下表。

表　满城县中低产田分布及所占比例

乡　镇	中低产田（hm^2）	占总耕地面积（%）
满城镇	1 002	4.0
大册营镇	1 442	5.7
神星镇	2 105	8.4
南韩村镇	1 611	6.4
方顺桥镇	0	0
于家庄乡	216	0.8
要庄乡	145	0.6
白龙乡	937	3.7

（续表）

乡　镇	中低产田（hm²）	占总耕地面积（%）
石井乡	1 278	5.2
坨南乡	263	1.0
刘家台乡	717	2.9
贤台乡	0	0
合　计	9 717	38.7

第二节　主要障碍因素及改良措施

一、中低产田存在的主要障碍因素

（一）褐土地区地下水位偏低，土壤干旱

满城县褐土占总面积的94%左右，是满城县最大的土类。潮化褐土中的沙黄土为低产土壤之一，沙层出现的部位深浅不同，对农作物的影响不同，一般沙层出现的部位越浅，沙层越厚，对农作物的影响越重。地下水位偏低，对农作物的灌溉造成一定的影响。干旱是满城县生产的主要障碍因子，由于土壤长期处于干旱无水状态，使土壤养分处于好气性分解过程，养分分解过快，不利于积累，雨季一到，大量速效养分被淋失，所以干旱是造成满城土壤养分含量偏低的一个重要原因。

（二）沙质土结构松散，漏水漏肥

这类土壤有的表层为沙土或沙壤，下边还可见到壤质土。有的通体都为沙土或沙壤。结构松散，多为单粒。由于它通气透水性极好，土壤中微生物活动强烈，有机质矿化程度高。养分累积极少，又由于以沙粒为主，缺乏有机胶体和黏粒，对养分的吸附能力极弱，保肥性能差。沙质土漏水漏肥这是沙质潮土容易干旱和养分含量偏低的重要原因。

（三）黏质潮土泥泞板结，影响耕种

土壤质地黏重，物理性状不均匀，通透性差，耕作困难。黏质潮土的有机质含量较高，虽然养分含量较高，但由于土壤本身质地黏重，蓄水量多，热容量较大，早春土温升高很慢，素有“冷性土”之称。所以，作物在幼苗期往往得不到一个良好的生长环境，生长受到抑制。这是黏质潮土发老苗而不发小苗的重要原因。

二、中低产田改良途径

满城县中低产田土壤面积共9 716.84 hm²，占土壤面积的38.7%，产量低而不稳定，

农业投资大收益小，改良这些土壤的主要措施有：

（一）沙土的改良

根据沙质土的理化特性，改良沙质地和漏沙土等，因土种植农作物。

对于沙质土，由于它养分不足，施肥后肥效猛而不稳，保水供肥性能差，致使作物生长发育受阻。需要平整土地、增施有机肥，改善土壤结构，增加土壤养分。对于沙层浅而薄的土地，需要深翻来改善土壤耕性。化肥要分次施用，本着“少量多次”的原则。

因地制宜，宜农则农，宜林则林。沙质土的昼夜温差大，有利于作物体内碳水化合物的累积，能提高薯类及其他块茎作物的产量，所以适合栽培甘薯、马铃薯等作物。由于沙质土保水肥能力差，适合于种植生长期较短的作物和耐旱、耐瘠薄的作物，如芝麻、花生等。

（二）黏土的改良

对于黏土的改良要客土掺沙，增加土壤有机质，秸秆还田，增施沙性有机肥，科学用水，加强耕作技术管理。

（三）以培肥土壤为目的，增施有机肥料

沙质土不仅本身养分缺乏，而且吸附作用极弱，当施入粪尿，硫酸铵等速效性肥料后，碰上大雨，很容易随水流失。因此，要多施用有机肥料，增加土壤中的有机胶体，提高吸附能力，改良沙质土的物理结构。如秸秆还田，绿肥压青，都是改善土壤结构状况的重要措施。

由于沙质土的通气性好，微生物的好气性活动旺盛，所以施入土中的有机肥分解迅速，往往表现肥效猛而不稳，前劲大后劲不足。如果只施基肥不施追肥，就会产生只发苗而不壮籽的现象。据群众反映，少施肥，一把草，多施肥，立即倒。所以，播种前要施足基肥，用化学肥料作追肥时，一方面要掌握薄施勤施，即少量而多次的原则，另一方面要注意防止后期脱肥。

第七章　耕地资源合理配置与种植业布局

第一节　耕地资源合理配置

耕地是人类赖以生存的物质基础，是最基本的自然资源，其数量和质量大体上决定了一个地区的人口承载力和可持续发展能力。耕地资源合理配置关系到国民经济发展速度，关系到粮食生产安全，关系到优质高效农业生产，关系到土地资源的质量保护与数量保护。人口的日益增长、建设用地规模的不断扩大，人多地少的矛盾不断加剧，对土地利用提出了更高更严格的要求。对此，科研工作者必须认清土地面临的严峻形势，转变土地利用与管理的思想观念，切实加强土地利用的宏观调控，合理确定农业用地和建设用地的规模和布局，优化土地资源的配置，加大土地开发、整理和保护的力度，确保规划期内耕地总量动态平衡，不断提高土地利用率和产出率，为国民经济持续、稳定、快速发展创造良好的土地条件。

一、耕地数量与人口发展趋势分析

根据统计资料，新中国成立初期满城县耕地面积 3.66×10^4 hm^2，2011 年末耕地面积 2.51×10^4 hm^2（含已划为保定市高开区的贤台乡），50 多年间耕地总面积减少 1.15×10^4 hm^2。但人口数量逐年增加，从新中国成立初期的 20.5 万人增加到 2011 年的 39.1 万人，增加了 47.5%，人均耕地从 0.18 hm^2 下降到 0.06 hm^2，人均耕地面积逐年下降。河北省实行“每年一大步，三年大变样”的城镇化改造政策，以及随着工农业的发展，耕地面积将逐年减少，而且减少的速度会逐年加快，人多地少的矛盾日益突出。（表 7–1）

表 7–1　耕地面积与人口发展动态变化表

年份	耕 地（hm^2）	总人口（万人）	人均耕地（hm^2）
1949	36 600	20.5	0.18
1980	26 400	34.4	0.09
1988	32 733	38.6	0.09
2011	25 067	39.1	0.06

二、耕地地力与粮食生产能力分析

本次耕地质量调查中，满城县共采集 3 000 多个土样，化验了 30 000 多个有效数据，基本摸清了满城县各乡镇耕地的质量状况。

（一）土壤有机质和土壤全氮

满城县耕地土壤有机质自 1984 年全国第二次土壤普查以来发生了很大的变化，有机质含量呈现出明显的上升趋势，有机质平均含量增加了 40% 左右，从五级水平升高到三四级水平。全氮含量也有所增加，平均含量缺乏状态的比例大幅度减少。

（二）土壤磷素和钾素

磷是植物生长所必需的营养元素，也是有机循环中的主要成分。和第二次土壤普查相比，磷素和钾素均有显著提高，中等水平占主要比例。

（三）土壤微量元素

满城县大部分地区的微量元素如铁、铜、锌、锰都维持在中等以上水平，极少有缺乏现象发生。

粮食生产能力分析：耕地地力等级确定的标准依照农业部《全国耕地类型区耕地地力等级划分》标准进行，为：一级地 >13 500 kg/hm^2；二级地 12 000 ～ 13 500 kg/hm^2；三级地 10 500 ～ 12 000 kg/hm^2；四级地 9 000 ～ 10 500 kg/hm^2；五级地 7 500 ～ 9 000 kg/hm^2；六级地 6 000 ～ 7 500 kg/hm^2；七级地 4 500 ～ 6 000 kg/hm^2；八级地 3 000 ～ 4 500 kg/hm^2；九级地 1 500 ～ 3 000 kg/hm^2；十级地 <1 500 kg/hm^2。从满城县耕地质量总体来看，仍有中低产田可供改造，粮食生产仍有很大的潜力可以挖掘。

满城县具有悠久的农业历史，自然条件好，光照充足，土地资源丰富，但土质较差。满城县现有耕地中，一、二级地占总耕地的 61.3%，其单产大于 13 500 kg/hm^2；三、四级地占总耕地的 36.3%，其单产在 10 000 ～ 13 500 kg/hm^2。从地力等级的评价得出，满城县 2.51×10^4 hm^2 常用耕地以全部种植粮食作物计，其粮食生产能力为 36 251 万 kg，平均单产为 11 550 kg/hm^2（表 7-2）。通过对中低产田进行改良治理，可显著提高单位面积的粮食产量，耕地尚有生产潜力可挖掘。

表 7-2　满城县耕地潜在生产能力分析

地力等级	单位粮食生产能力（kg/hm^2）	面积（hm^2）	所占比重（%）	粮食生产能力（万 kg）
高产田	＞ 13 500	15 361	61.3	311 063.63
中产田	10 000 ～ 13 500	9 102	36.3	163 828.8
低产田	＜ 9 000	615	2.4	8 305.7
合　计	—	25 078	100	483 198

三、耕地资源合理配置意见

（一）耕地资源评价

通过本次调查分析，认为满城县耕地资源具有下列有利因素和不利因素。

1.有利因素

土壤质地、土体构型较为适中。满城县大部分的土壤为潮化褐土，表层质地为壤质和沙质，其中轻壤质、中壤质所占比例较大。土壤通气性能好，保水保肥能力较强。

2. 不利因素

耕层较浅，犁底层厚且紧实。由于长期浅耕，造成满城县土壤耕层浅薄（仅有 15 cm 左右），而犁底层逐年加厚，使土壤比重增大、空隙度降低，影响了作物的根系伸展和对深层养分、水分的吸收利用。沙质沙壤质潮土结构松散，漏水漏肥，结构松散，多为单粒。

（二）土壤利用现状及存在问题

1.土壤利用现状

满城县耕地总面积 2.51×10^4 hm^2。其中水浇地面积为 2.11×10^4 hm^2，旱地面积 0.22×10^4 hm^2。果树面积 0.70×10^4 hm^2，其他林地（人工造林）面积 0.17×10^4 hm^2，栽培苗（留圃）面积 380 hm^2。

2.土壤利用问题

（1）耕地锐减　随着人口不断增长和各项建设事业的发展，土地的供求矛盾日益突出。与建国初的 1949 年相比，人均耕地面积由 0.18 hm^2 减少到 0.06 hm^2。

（2）中低产田肥力减退　由于产出粮食的压力大，物质能量投入不足，土壤养分收支逆差逐年累增，中低产田土壤养分出现下降趋势。

（3）生态环境有所恶化　由于自然和人为的各种原因，使满城县的土壤生态环境遭到破坏，并有恶化之势。

第二节　种植业合理布局

一、种植业布局现状

我国是世界上种植业起源地之一，距今约有 7 000 余年。在这漫长的历史长河中，种植业布局思想的丰富和完善，也经历了一个长期过程。因地制宜、专业化和满足县场需求，均成为中国目前种植业布局的主要指导思想。满城农业基础较好，主要盛产小麦、玉米、水果、花生等。现已建成 1.2×10^4 hm^2 吨粮田，被农业部列为优质商品粮基地，粮食生产连续 9 年实现丰产丰收。

近年来，满城按照“稳定面积、提高单产、增加总产”的工作思路，突出抓好小麦、玉米两大骨干粮食作物，突出蔬菜、水果特色种植。实施了“种子工程”、“优质粮工程”、“吨粮田工程”，建设“节约型”农业，推广旱作农业综合配套技术、病虫害综合防治技术、无公害种植技术、测土配方施肥等一批节本增效技术。2011 年，小麦种植面积 1.27×10^4 hm^2，良种率达 83%，玉米种植 1.35×10^4 hm^2，草莓种植 3 040 hm^2，蔬菜种植 5 541 hm^2，棉花种植 400 hm^2，花生种植 724 hm^2，大豆种植 219 hm^2。

“因地制宜，区域化布局，专业化生产”的格局基本形成。

1. 优质商品粮基地

主要分布在方顺桥镇、于家庄乡、南韩村镇、满城镇等乡镇。

2. 草莓生产基地

在满城镇、方顺桥镇、于家庄乡、南韩村镇形成了草莓规范化生产示范基地。

3. 瓜菜生产基地

以满城镇、方顺桥镇、要庄乡为主，围绕菜篮子工程，通过引进新、优、特果菜品种，初步形成规模。

4. 是果品生产基地

以石井乡、刘家台乡、神星镇、白龙乡、要庄乡、南韩村镇为主，主要包括桃、柿、杏、李子、葡萄种植基地。

二、满城种植业布局的分区建议

满城如何抢抓机遇，加快发展，力争满城县社会经济更好更快地上一个新台阶，使其成为经济强县，人民收入大幅度提高，生活水平由温饱步入小康，是摆在满城县人民面前的中心任务。为此，专家组在充分调查了解国内外农业—农村发展趋势的基础上，以建立无污染绿色生产基地县为突破口，创立绿色产业，发展绿色经济，全面提高满城农产品的品质和县场竞争力，作为 21 世纪满城社会经济发展的指导思想，特制定满城种植业布局，力争使满城县农业—农村发展站在 21 世纪中国的最前沿，实现农业大县社会经济发展的新飞跃。

（一）种植业布局的划分方法

1. 种植业布局的分区单位

分区单位就是分区研究中的分区对象。在特定情况下，它可以是一个山系、一块田地或一个行政单位（村、乡、县等）。在满城种植业布局研究中所采用的分区单位是乡镇。

2. 种植业布局的分区因素

分区因素是指以表征分区单位中各个侧面特征和特点的因素，是分区单位某个方面的定量或半定量的描述，分区因素的集合实质上就是分区研究中采用的指标体系。指标体系应包括 4 个方面。

（1）表述分区单位的有关自然条件中硬特征指标　主要包括人均耕地、劳均耕地、耕地质量等。

（2）生态效应指标　主要是复种指数、人均产粮、人均产棉等。

（3）经济效益指标　主要是单位耕地农业收入。

（4）环境质量指标　主要是耕地受污染程度等。

3. 种植业布局分区方法

分区过程实质上是一个聚类过程，即把具有较强相似性的分区单位归并为相应的一类。

因地制宜是进行种植业布局的前提条件，专业化是进行种植业布局的手段，满足现场生产需求和无污染则是种植业布局的目的，三者构成了我国目前种植业布局的主要思想。根据上述方法可以将满城各乡镇的耕地划分成 3 个类型。

（二）满城种植业布局分区结果

认真总结满城多年特别是近几十年农业发展经验，根据满城县资源条件和生产特点，进行经济效益、社会效益、生态效益的综合考虑，本着扬长避短，趋利避害的原则，迅速将资源优势变为产品优势、商品优势，在农业生产中实现速度和效益的统一，坚持“稳定粮食生产，突出果菜主导，积极开展多种经营”的指导思想，按照满城的实际因地制宜，不同农业区应有不同的发展方向。

优质粮生产区域：主要位于满城县南部和中部，土壤大都为褐土和潮土，质地好，宜粮食作物种植，生产潜力较大，历史上该区即是重要的粮食产区。该区域耕地面积为 1.33×10^4 hm^2，占满城县耕地面积的 57%。同时，南部商品粮基地还应发挥南韩村镇葡萄种植优势及方顺桥、于家庄草莓蔬菜种植优势，扩大果菜种植面积，不断增加农民收入。

西北部林果区：位于西北部山区半山区，该区域耕地面积 0.49×10^4 hm^2，占满城县总耕地面积的 20.8%。该区大都是山地梯田类型，土壤属褐土，农事生产活动受到一定限制，但该区具有发展林果种植的优势，是满城县主要水果产区，专业化程度高，收入多。气候和土壤的好坏是相对的，依不同植物种类和品种而不同。某种作物的速生高产，必须联系到一定的自然环境条件。该区果品种植具有得天独厚的优越条件，种植果品历史悠久，具有丰富的栽培和加工条件，广大果农从多年的实践中积累了一整套成功经验，加上适宜的气、土、水条件，是满城果品的重点产区，产量高，质量好，因此种植业应以果品为主。农业结构愈合理，愈精细，总体功能愈高。结构愈单一、愈不合理，系统的总体功能愈低。且作物种植区域是客观存在的自然规律。该区宜林宜果生产，应统筹安排，达到结构合理。林业在搞好农田林网建设的同时应重点规划好防护林带，实行乔灌结合，防止土壤流失，改善农业气候，培肥土壤。该区土壤由于经济条件相对较差，水分缺乏等障碍因素，先天肥力不足，应采取多种措施，增加土壤有机质，增加化肥投入量，以无机换有机，改良土壤，提高地力。

优质瓜菜区：除西北部林果区和南部优质粮区之外，满城镇、要庄乡、方顺桥镇、于家庄乡部分村均属于该区，总面积为 0.55×10^4 hm^2，占满城县总耕地面积的23.6%。该区集中于满城县中部、南部，交通方便，地势平坦，土壤适合各种作物生长，是满城县瓜菜产区，该区土壤主要为轻壤质碳酸盐褐土，土壤肥力较好，适宜种植各种瓜菜。今后该区的发展方向是：充分利用优越的自然条件和经济条件，实行集约经营。在重点发展瓜菜生产的同时，积极发展农产品加工企业，利用充裕的劳动力资源，发展商品经济和庭院经济，实现整个农业系统的高效益。建设好高标准的农田林网，建立起良好的生态系统。狠抓科学种田，种地养地，合理灌溉，扩大耐旱作物种植面积。

第八章　耕地地力与配方施肥

第一节　耕地养分状况

满城县总土地面积 6.29×10^4 hm^2，其中，耕地 2.51×10^4 hm^2（含已划为保定市高开区的贤台乡）。测土配方施肥项目实施以来，满城县在 5 镇 7 乡，183 个行政村的耕地上采集了近 3 334 个土样，取得有效化验数据 3 万多个，摸清了该县耕地的质量状况。

根据 1980 年第二次土壤普查养分分级标准（表 8-1）及土壤缺素指标（表 8-2），结合实际土壤化验情况，对满城县耕地养分状况进行分析。

表 8-1　第二次土壤普查养分分级标准

项　目	单　位	1 级	2 级	3 级	4 级	5 级	6 级
有机质	g/kg	＞ 40	30 ～ 40	20 ～ 30	10 ～ 20	6 ～ 10	＜ 6
全氮	g/kg	＞ 2	1.5 ～ 2	1 ～ 1.5	0.75 ～ 1	0.5 ～ 0.75	＜ 0.5
水解性氮	mg/kg	＞ 150	120 ～ 150	90 ～ 120	60 ～ 90	30 ～ 60	＜ 30
速效钾	mg/kg	＞ 166	124 ～ 166	83 ～ 124	41 ～ 83	25 ～ 41	＜ 25
有效磷	mg/kg	＞ 22	15 ～ 22	10 ～ 15	6.5 ～ 10	2.2 ～ 6.5	＜ 2.2
有效铜	mg/kg	＞ 1.8	1 ～ 1.8	0.2 ～ 1	0.1 ～ 0.2	＜ 0.1	—
有效铁	mg/kg	＞ 20	10 ～ 20	4.5 ～ 10	2.5 ～ 4.5	＜ 2.5	—
有效锰	mg/kg	＞ 30	15 ～ 30	5.0 ～ 15	1.0 ～ 5.0	＜ 1.0	—
有效锌	mg/kg	＞ 3	1 ～ 3	0.5 ～ 1	0.3 ～ 0.5	＜ 0.3	—
有效硼	mg/kg	＞ 2	1 ～ 2	0.5 ～ 1	0.25 ～ 0.5	＜ 0.25	—
有效硫	mg/kg	＞ 100	75 ～ 100	50 ～ 75	25 ～ 50	＜ 25	—

表 8-2　划分土壤缺素指标

项　目	单　位	缺素指标
有机质	g/kg	＜ 10
水解性氮	mg/kg	＜ 60
有效磷	mg/kg	＜ 2.2
速效钾	mg/kg	＜ 25
有效铜	mg/kg	＜ 0.1
有效铁	mg/kg	＜ 2.5
有效锰	mg/kg	＜ 1.0
有效锌	mg/kg	＜ 0.5
有效硼	mg/kg	＜ 0.25
有效硫	mg/kg	＜ 25

一、大量营养元素含量分析

2009—2011 年调查数据统计显示，满城县耕层土壤有机质平均含量为 15.25 mg/kg，水解性氮 78.46 mg/kg，有效磷 17.72 mg/kg，速效钾 129.94 mg/kg，分别比 1980 年提高了 42%，35%，285%，25%（表 8-3）。

经过对 2009—2011 年测定结果分析统计，有机质含量范围在 3.3 ～ 52.3 g/kg。按照农业部《县域耕地资源管理信息系统》统计，有机质处于缺乏状态的面积共 41.88 hm^2，有机质缺乏面积占耕地面积的 0.18%，满城县耕地土壤有机质含量大部分处于四级水平。

全氮含量范围在 1.0 ～ 94.5 g/kg。处于缺乏状态的耕地面积共 0.44×10^4 hm^2，全氮缺乏面积占耕地面积的 15.8%，满城县土壤全氮含量普遍较低。

水解性氮含量范围在 14 ～ 180 mg/kg。处于缺乏状态的耕地面积共 311.77 hm^2，水解性氮缺乏面积占耕地面积的 1.34%，满城县土壤水解性氮含量三四级水平占 76% 左右。

有效磷含量范围在 1.7 ～ 125 mg/kg。处于缺乏状态的耕地面积共 530.48 hm^2，有效磷缺乏面积占耕地面积的 2.28%，满城县土壤有效磷含量处于较高级水平。

速效钾含量范围在 30 ～ 394 mg/kg。处于缺乏状态的耕地面积共 83.76 hm^2，速效钾缺乏面积占耕地面积的 0.36%，满城县土壤速效钾以二三级地为主。

表 8-3　满城县 2009—2011 年土壤有机质及大量元素含量范围及分布

乡　镇	有机质（g/kg）	有效磷（mg/kg）	速效钾（mg/kg）	水解性氮（mg/kg）
大册营镇	15.62	16.79	113.19	82.35
方顺桥镇	17.06	17.55	142.29	86.84
南韩村镇	14.61	19.49	118.42	74.63
满城镇	14.97	17.26	132.97	72.12
神星镇	14.09	21.19	139.14	74.72
贤台乡	15.23	18.33	124.04	75.36
要庄乡	14.53	15.82	133.90	77.76
于家庄乡	18.27	19.25	119.96	80.55
白龙乡	12.18	13.96	108.82	66.00
石井乡	12.86	14.50	108.28	65.72
刘家台乡	19.21	16.49	155.53	96.4
坨南乡	11.75	12.19	156.72	84.61
平均值	15.25	17.72	129.94	78.46

二、微量营养元素含量分析

2009—2011 年调查数据统计显示，满城县耕层土壤平均有效锌 1.12 mg/kg，有效锰 4.96 mg/kg，有效铜 0.89 mg/kg，有效铁 4.92 mg/kg。分别比 20 世纪 80 年代年提高了 315%、2%、51%、35%（表 8-4）。

根据 20 世纪 80 年代第二次土壤普查养分分级标准得到土壤有效铁的缺素指标为小于 2.5 mg/kg。按照农业部《县域耕地资源管理信息系统》统计，有效铁处于缺乏状态的面积共 3 320.15 hm^2，有效铁缺乏的土壤面积占耕地面积的 14.27%，满城县土壤有效铁含量普遍较低。

土壤有效锌的缺素指标为小于 0.5 mg/kg，满城县有效锌处于缺乏状态的面积共 6 675.21 hm^2，有效锌缺乏的土壤面积占耕地总面积的 28.69%，满城县土壤有效锌处于较低水平。

土壤有效锰的缺素指标为小于 1.0 mg/kg，满城县有效锰处于缺乏状态的面积共 497.91 hm^2，有效锰缺乏的土壤面积占耕地总面积的 2.14%，满城县土壤有效锰处于中等水平。

土壤有效铜的缺素指标为小于 0.1 mg/kg，满城县有效铜处于缺乏状态的面积共 132.62 hm^2，有效铜缺乏的土壤面积占耕地总面积的 0.57%，满城县土壤有效铜含量比较丰富。

表 8-4　满城县 2009—2011 年土壤微量元素含量范围及分布

乡　镇	有效锌（mg/kg）	有效锰（mg/kg）	有效铜（mg/kg）	有效铁（mg/kg）
大册营镇	1.39	4.81	1.29	4.39
方顺桥镇	1.31	4.88	1.05	3.75
南韩村镇	1.00	4.50	0.96	3.81
满城镇	1.09	4.22	0.71	3.88
神星镇	1.34	4.02	0.76	3.94
贤台乡	1.27	4.74	0.92	3.49
要庄乡	0.89	4.23	0.73	3.75
于家庄乡	1.39	4.98	1.17	3.64
白龙乡	0.60	3.42	0.59	4.02
石井乡	0.68	3.23	0.76	4.27
刘家台乡	0.94	8.77	0.44	3.75
坨南乡	0.72	7.76	0.51	4.39
平均值	1.12	4.96	0.89	4.92

第二节　施肥状况分析

一、施肥现状分析

肥料在我国粮食增产中具有不可替代的作用，科学施肥是人们一直关注的焦点，了解施肥现状并做出相应对策是用好肥料的前提。

通过调查发现，满城县农业肥料投入品种比较单一。氮肥以“尿素”和“碳铵”为主，磷肥以“二铵”为主要品种，钾肥在满城县范围内使用尚不普遍，有机肥以猪粪为主要品种。

从总体看，满城县的肥料投入品种比较单调，肥料品种的专用性有待提高，对适于本区的优质新型肥料要加大示范和科学引导，提高肥料的多样性。另外，调查表明，土壤速效氮含量整体不高，应加强高产田氮肥的科学投入；部分地区的速效钾普遍下降，施用钾肥有明显增产效果，钾肥的施用应该引起重视。

施肥方法简单粗放。为了省时省力，农民多采用撒施、表施，然后进行大水漫灌的方式进行施肥，造成肥料渗漏、挥发损失量大，肥料利用率低。

总之，满城县农田在肥料使用上普遍存在重化肥、轻有机肥，重氮磷肥、轻钾肥，重大量元素肥、轻中微量元素肥料盲目施肥现象，施肥品种不平衡，施肥方法不科学等问题，这不仅造成农业生产成本增加，而且带来严重的环境污染，威胁农产品质量安全。

二、存在问题及注意事项

近年来，满城县农业生产在各级政府的大力支持下得到了快速发展，但化肥用量逐年增多，化肥施用不科学、不合理现象日渐突出。主要表现如下。

(一) 施肥量过大

有的农民不了解作物的需肥量、需肥规律，认为施用量越多越好，盲目使用大量化肥，造成土壤中养分浓度过高，不利于种子发芽，影响根系的发育，妨碍作物吸水，造成生长衰退、产量降低、品质恶化、效益下滑。

(二) 施肥结构不合理

（1）重化肥，轻有机肥　农民过分依赖化肥，不愿意费时、费力积造农家肥，有机肥施用量急剧减少，出现大面积的“卫生田”，造成耕地退化，土壤板结，次生盐碱化。仅有的少量有机肥料都是投入到效益比较高的经济作物上。

（2）重氮、磷肥，轻钾肥　钾肥没有得到广泛应用。钾元素是作物生长必需的大量元素之一，施用适量的钾肥，可使作物秸秆变硬，增强抗倒伏能力，提高作物产量和品质。

（3）重视大量元素，轻视中微量元素　由于土壤中的微量元素长期得不到补充，其含量已不能满足作物的生长需要，根据“最小养分律学说”，即使氮、磷、钾的施入比例合理中微量元素的缺乏也会影响作物的高产稳产。

（三）施肥方法不科学

施肥时期不适，化肥流失严重，会对河流、地下水产生污染的风险。为图省时省力，采用撒施的方法追肥，造成有效养分特别是尿素一类肥料的肥效浪费。肥料施用习惯一次性施入，底施肥料浅且表施现象严重，造成大量肥料损失，而且会使作物生长后期出现脱肥现象，影响作物的产量。施肥深度过浅、施肥时期掌握不好，造成化肥利用率过低。适宜的施肥时期和方法既要考虑作物的营养特点，又要考虑土壤水肥条件，以便及时有效地为小麦、玉米等农作物各生育期提供养分来源。

三、土壤培肥建议

根据满城县土壤养分含量的具体情况，土壤培肥过程中应遵循“加大有机肥（秸秆还田）用量，稳定氮肥用量，适当控制磷肥用量，因地因作物适当补充钾肥，因地因作物施用微肥”的原则，在合理的施肥时期，运用科学的施肥方法进行土壤培肥工作。

（一）广辟有机肥源，增加土壤有机物投入，培肥地力

土壤有机质是土壤肥力的重要物质基础。因此，广辟有机肥源，增加土壤有机物投入是培肥土壤的关键。积极推广沼液沼渣、秸秆还田；山区结合畜牧业的发展，种植绿肥和牧草，组织秸秆过腹还田、收集堆肥和沤肥，利用一切可以利用的有机肥源培肥土壤。

（二）广泛宣传和大力推广测土配肥和平衡施肥技术

通过测土配肥提出了不同土壤、不同作物的科学施肥配肥，根据平衡施肥原则进行科学施肥，不仅有利于作物健壮生长，提高肥料的联合效果和利用率，而且可解决作物养分比例失调问题。

（三）施用高效多元复合肥

施用高效多元复合肥是提高土壤肥力，实现高产、稳产、优产的有效的途径。根据多年试验资料表明，施用高效多元复合肥可以提高肥料利用率，使肥料有效期变长；可以提高作物的产量；可以改善作物的品质；可以改善土壤的结构；可以提高作物抗病虫能力。以此要大力提倡施用高效多元复合肥。

第三节 肥料效应田间试验结果

肥料效应田间试验是获得各种作物最佳施肥量、施肥比例、施肥时期、施肥方法的根本途径。通过田间试验，掌握各个施肥单元不同作物优化施肥数量，基、追肥分配比例，施肥时期和施肥方法；摸清土壤养分校正系数、土壤供肥能力、不同作物养分吸收量和肥料利用率等基本参数；建立土壤养分丰缺指标，确定满城县小麦合理施肥品种和数量，基肥、追肥分配比例，最佳施肥时期和施肥方法；并为施肥分区和肥料配方设计提供依据。

根据河北省“3414+1”试验方案安排小麦、玉米各 30 个试验。

一、试验设计

（一）小麦肥效试验设计

采用“3414+1”完全实施方案，分小麦每公顷产量大于 6 750 kg 和小于 6 750 kg 组两个施肥方案。小区为 30 m^2 = 7.5 m × 4 m，采用双列式。氮肥用尿素（46%），磷肥用三料（16%），钾肥用硫酸钾（50%）。小麦氮肥 1/3 底施，2/3 追施（在起身至拔节期追施），磷钾肥作底肥划区底施。本次试验除处理 15 以外一律不施有机肥料，也不进行秸秆还田。小麦品种为“石新 733”，每公顷播种量 150 ～ 187.5 kg，机器条播，10 月 2—11 日播种。每个试验生育期内各小区的各项农事操作管理一致。详见表 8-5、8-6。

表 8-5 各因素肥料用量

单位：kg/hm^2

水平	≥ 6 750 kg 组			< 6 750 kg 组		
	N	P_2O_5	K_2O	N	P_2O_5	K_2O
0	0	0	0	0	0	0
1	113	75	75	90	75	60
2	225	150	150	180	150	120
3	338	225	225	270	225	180

表 8-6 “3414+1”试验方案处理

试验编号	处理	N	P_2O_5	K_2O
1	$N_0P_0K_0$	0	0	0
2	$N_0P_2K_2$	0	2	2
3	$N_1P_2K_2$	1	2	2
4	$N_2P_0K_2$	2	0	2

（续表）

试验编号	处理	N	P_2O_5	K_2O
5	$N_2P_1K_2$	2	1	2
6	$N_2P_2K_2$	2	2	2
7	$N_2P_3K_2$	2	3	2
8	$N_2P_2K_0$	2	2	0
9	$N_2P_2K_1$	2	2	1
10	$N_2P_2K_3$	2	2	3
11	$N_3P_2K_2$	3	2	2
12	$N_1P_1K_2$	1	1	2
13	$N_1P_2K_1$	1	2	1
14	$N_2P_1K_1$	2	1	1
15	M		有机肥 2 025 kg	

（二）玉米肥效实验设计

采用“3414+1”完全实施方案，小区为 30 m^2=7.5 m×4 m，采用单列式。

施用的化学肥料品种氮素选用‘尿素’、磷肥选用‘钙镁磷肥’、钾肥选用‘硫酸钾’。夏玉米氮肥分两次施，苗期底肥占 1/3、大喇叭口期占 2/3。

二、“3414”试验结果与分析

（一）2009 年小麦“3414+1”试验结果

1. 高肥力水平土壤不同施肥处理小麦产量结果分析

通过对高肥力水平施肥量与小麦产量进行回归分析，发现 N2 水平下的磷钾二元二次模型计算出的磷钾用量比较接近生产实际情况，也与试验结果基本吻合。因此，对于与供试土壤肥力基本相当的土壤，在种植小麦时，可以用回归方程：

$$y=-0.09P^2-0.09K^2+0.96PK-4.66P-6.15K+505.82$$

这个二元二次模型进行磷钾肥用量的推荐。氮肥用量则根据 3414 试验结果，并结合生产实际情况，推荐小麦生产中的氮（纯 N）、磷（P_2O_5）、钾（K_2O）肥适宜用量分别为 195 ～ 225 kg/hm^2、75 ～ 105 kg/hm^2 和 60 ～ 90 kg/hm^2。

2. 中肥力土壤“3414+1”小麦试验产量结果分析

通过对中肥力水平施肥量与小麦产量进行回归分析，肥料用量的推荐只能根据 3414 试验结果，并结合生产实际情况和土壤肥力情况进行，在本县中等肥力土壤条件下，建议小麦生产中的氮（纯 N）、磷（P_2O_5）、钾（K_2O）肥适宜用量分别为 180 ～ 195 kg/hm^2、60 ～ 75 kg/hm^2 和 45 ～ 60 kg/hm^2。

3. 低肥力水平土壤不同施肥处理小麦产量结果分析

通过对低肥力水平施肥量与小麦产量进行回归分析，结合“3414”试验结果中小麦产量对不同施肥水平的响应以及农业生产实际情况，在低肥力水平条件下，综合考虑肥料施用的经济效益、生态效益和社会效益，推荐氮肥（纯 N）用量为 150 ～ 180 kg/hm^2，磷肥（P_2O_5）用量为 90 ～ 120 kg/hm^2，钾肥（K_2O）用量为 105 ～ 135 kg/hm^2。

（二）2009 年玉米季“3414+1”试验结果分析

1. 高肥力土壤“3414+1”玉米试验结果分析

通过对高肥力水平施肥量与玉米产量进行回归分析，结合“3414”试验结果中玉米产量对不同施肥水平的响应以及农业生产实际情况，在高肥力水平条件下，综合考虑肥料施用的经济效益、生态效益和社会效益，推荐氮肥（纯 N）用量为 210 ～ 240 kg/hm^2，磷肥（P_2O_5）用量为 10 ～ 60 kg/hm^2，钾肥（K_2O）用量为 45 ～ 75 kg/hm^2。

2. 中产田“3414+1”玉米试验结果分析

通过对中肥力水平施肥量与玉米产量进行回归分析，在本县中等肥力水平土壤上进行玉米生产，可以根据上述建立的一元二次肥料效应模型进行磷肥用量的推荐。氮、钾肥用量只能结合“3414”试验中不同施肥量下的玉米产量变化以及土壤肥力情况进行推荐，适宜的肥料用量为氮肥（纯 N）165 ～ 195 kg/hm^2，磷肥（P_2O_5）30 ～ 60 kg/hm^2，钾肥（K_2O）45 ～ 75 kg/hm^2。

3. 低产田“3414+1”玉米试验结果分析

通过对低肥力水平施肥量与玉米产量进行回归分析，并结合“3414”试验中不同氮水平、磷水平和钾水平下的玉米产量响应、供试土壤肥力情况和农业生产实践，推荐氮肥（纯 N）用量为 135 ～ 165 kg/hm^2，磷肥（P_2O_5）用量为 45 ～ 75 kg/hm^2，钾肥（K_2O）用量为 45 ～ 75 kg/hm^2。

（三）2010 年小麦季“3414+1”试验结果分析

1. 高肥力水平土壤不同施肥处理小麦产量结果分析

通过对高肥力水平施肥量与小麦产量进行回归分析，本试验结果没有找到施肥量与产量之间显著的相关关系，也就不能建立理想的施肥模型进行肥料用量的推荐。因此只能根据 3414 试验结果，并结合农业生产实际情况和土壤肥力情况，对施肥量进行推荐。推荐氮肥（纯 N）用量为 210 ～ 240 kg/hm^2，磷肥（P_2O_5）用量为 105 ～ 120 kg/hm^2，钾肥（K_2O）用量为 105 ～ 120 kg/hm^2。

2. 中肥力水平土壤“3414+1”试验小麦产量结果分析

通过对中肥力水平施肥量与小麦产量进行回归分析，根据本试验中不同施肥量下的小麦产量响应，结合农业生产实践和土壤肥力情况，推荐适宜的氮肥（纯 N）用量为 120 ～ 150 kg/hm^2，磷肥（P_2O_5）用量为 105 ～ 135 kg/hm^2，钾肥（K_2O）用量为 75 ～ 105 kg/hm^2。

3. 低肥力水平土壤不同施肥处理小麦产量结果分析

通过对低肥力水平施肥量与小麦产量进行回归分析，综合考虑农业生产实际情况和土壤肥力情况，在低肥力水平条件下，综合考虑肥料施用的经济效益、生态效益和社会效益，推荐氮肥（纯 N）用量为 120 ～ 135 kg/hm^2，磷肥（P_2O_5）用量为 75 ～ 90 kg/hm^2，钾肥（K_2O）用量为 75 ～ 90 kg/hm^2。

（四）2010 年玉米季“3414+1”试验结果分析

1. 高肥力土壤“3414+1”玉米试验结果分析

根据本年度“3414”试验结果没有建立起施肥量与产量之间的回归模型，因此，施肥量的推荐只能根据“3414”试验结果中不同氮水平、磷水平和钾水平下的产量响应，结合供试土壤肥力情况和农业生产实践进行推荐。推荐氮肥（纯 N）用量为 210 ～ 240 kg/hm^2，磷肥（P_2O_5）用量为 30 ～ 60 kg/hm^2，钾肥（K_2O）用量为 45 ～ 75 kg/hm^2。

2. 中肥力水平土壤“3414+1”玉米试验结果分析

通过对中肥力水平施肥量与玉米产量进行回归分析，在本县中等肥力水平土壤上进行玉米生产，可以结合肥料效应模型及“3414”试验中不同施肥量下的玉米产量变化以及土壤肥力情况进行施肥量的推荐，适宜的肥料用量为氮肥（纯 N）180 ～ 210 kg/hm^2，磷肥（P_2O_5）30 ～ 60 kg/hm^2，钾肥（K_2O）45 ～ 75 kg/hm^2。

3. 低肥力土壤“3414+1”玉米试验结果分析

通过对低肥力水平施肥量与玉米产量进行回归分析，没能建立起施肥量与玉米产量之间得回归模型，因此，施肥量的推荐根据“3414”试验结果中不同氮水平、磷水平和钾水平下的产量响应，结合供试土壤肥力情况和农业生产实践进行推荐，推荐氮肥（纯 N）用量为 105 ～ 135 kg/hm^2，磷肥（P_2O_5）用量为 30 ～ 45 kg/hm^2，钾肥（K_2O）用量为 30 ～ 45 kg/hm^2。

（五）2011 年小麦季“3414+1”试验结果分析

1. 高肥力水平土壤不同施肥处理小麦产量结果分析

施肥用量的确定根据“3414”试验中不同施肥量下的小麦产量变化，并结合生产实际情况和土壤肥力情况进行推荐，建议小麦生产中的氮（纯 N）、磷（P_2O_5）、钾（K_2O）肥用量分别为 150 ～ 180 kg/hm^2、60 ～ 90 kg/hm^2 和 30 ～ 60 kg/hm^2。

2. 中低产田“3414+1”小麦试验产量结果分析

肥料用量的确定根据“3414”试验结果，并结合生产实际情况和土壤肥力情况进行推荐，在本县中低等肥力土壤条件下，建议小麦生产中的氮（纯 N）、磷（P_2O_5）、钾

（K_2O）肥适宜用量分别为 120 ～ 150 kg/hm^2、60 ～ 75 kg/hm^2 和 45 ～ 60 kg/hm^2。

（六）2011 年玉米季“3414+1”试验结果分析

1. 高肥力“3414+1”玉米试验结果分析

在高肥力地块，施肥用量的确定根据“3414”试验中不同施肥量下的玉米产量变化，并结合生产实际情况和土壤肥力情况进行推荐，建议玉米生产中的氮（纯 N）、磷（P_2O_5）、钾（K_2O）肥用量分别为 180 ～ 210 kg/hm^2、45 ～ 75 kg/hm^2 和 30 ～ 60 kg/hm^2。

2. 中肥力“3414+1”玉米试验结果分析

在中等肥力地块，施肥用量的确定根据“3414”试验中不同施肥量下的玉米产量变化，并结合生产实际情况和土壤肥力情况进行推荐，建议玉米生产中的氮（纯 N）、磷（P_2O_5）、钾（K_2O）肥用量分别为 150 ～ 180 kg/hm^2、30 ～ 60 kg/hm^2 和 60 ～ 90 kg/hm^2。

3. 低产田“3414+1”玉米试验结果分析

在低产田地块，施肥用量的推荐参考供试土壤肥力情况和农业生产实践进行，建议在当地土壤肥力条件下氮肥（纯 N）用量为 135 ～ 165 kg/hm^2，磷肥（P_2O_5）用量为 30 ～ 45 kg/hm^2，钾肥（K_2O）用量为 45 ～ 60 kg/hm^2。

三、养分丰缺指标的研究

通过分析作物相对产量与土壤养分含量的关系发现，满城县小麦或玉米相对产量与土壤速效氮、磷、钾含量之间的相关关系均不显著，且有些结果表现出了负相关关系。因此，不能根据作物相对产量与土壤养分之间的关系进行养分丰缺指标的推荐。鉴于此，根据本县养分的总体分布情况、全国以及华北地区小麦—玉米轮作体系的养分丰缺标准和实际生产情况，进行满城县小麦—玉米轮作体系养分丰缺指标的推荐（表 8–7）。

表 8–7　满城县小麦—玉米轮作体系养分丰缺指标

土壤养分等级	土壤碱解氮含量（mg/kg）	土壤速效磷含量（mg/kg）	土壤速效钾含量（mg/kg）	对氮肥的反应
极低	< 30	< 5	< 60	效果极明显
低	30 ～ 50	5 ～ 15	60 ～ 90	效果很明显
中	50 ～ 70	15 ～ 25	90 ～ 130	效果明显
高	70 ～ 100	25 ～ 35	130 ～ 180	有效果
极高	> 100	> 35	> 180	效果低，甚至无效

第四节　肥料配方设计

根据田间试验、农户调查和土壤检测结果，汇总分析土壤测试和田间试验数据结果，根据气候、地貌、土壤类型、作物品种、耕作制度等差异性，结合农作物需肥规律，分区域、分作物制定肥料配方，制定了满城县主要农作物小麦、玉米、草莓施肥指标体系，确定了施肥配方 17 个，其中，小麦 7 个，玉米 6 个，草莓 4 个（表 8-8）。

表 8-8　满城县测土配方施肥项目主要农作物施肥配方

作物品种	土壤养分类型区	施肥配方（N—P—K）(kg/ 亩)
小　麦	高磷中钾区	15—10—10
	低磷低钾区	15—16—14
	低磷中钾区	15—14—11
	高磷高钾区	20—5—5
	低磷高钾区	20—15—5
	高磷低钾区	20—6—14
	低磷低钾区	20—13—12
玉　米	高磷低钾区	18—0—12
	低磷低钾区	20—8—12
	高磷高钾区	24—5—6
	高磷低钾区	24—5—11
	低磷高钾区	25—14—6
	低磷低钾区	20—15—10
草　莓	高磷高钾区	16—8—22，底施 450 ～ 600 kg/hm^2
	高磷低钾区	13—7—18，底施 750 kg/hm^2
	低磷高钾区	13—10—12，底施 750 kg/hm^2
	低磷低钾区	12—10—18，底施 750 kg/hm^2 $N—P_2O_5—K_2O$

第五节　配方肥料合理施用

改革开放以来，我国化肥的施用量迅速增加，对农产品的贡献率为 35% ～ 40%。但我国化肥的利用率平均只有 32% 左右，而发达国家为 50% ～ 60%，不仅造成财力上的巨大浪费，也给环境和农产品安全带来负面影响，因此合理施用化肥，提高化肥的利用率已成为刻不容缓的问题。

在养分需求与供应平衡的基础上，坚持有机肥料与无机肥料相结合；坚持大量元素与中量元素、微量元素相结合；坚持基肥与追肥相结合；坚持施肥与其他措施相结合。在确定肥料用量和肥料配方后，合理施肥的重点是选择肥料种类、确定施肥时期和施肥方法等。

一、配方肥料种类

配方肥料按化学成分可分为有机肥料、无机肥料、有机无机肥料；按养分可分为单质肥料、复混（合）肥料（多养分肥料）；按肥效作用方式可分为速效肥料、缓效肥料；按肥料物理状况可分为固体肥料、液体肥料、气体肥料；按肥料的化学性质可分为碱性肥料、酸性肥料、中性肥料。

有机肥料主要是指以动植物残体（如畜禽粪便、农作物秸秆等）为来源并经无害化处理、腐熟的有机物料。化肥按所含养分种类又分为氮肥、磷肥、钾肥、钙镁硫肥、复合肥料、微量元素肥料等。常用的磷肥有过磷酸钙、重过磷酸钙、钙镁磷肥、磷矿粉等。常用的钾肥有氯化钾、硫酸钾、窑灰钾肥等，常用的复合肥有磷酸一铵、磷酸二铵、硝酸磷肥、磷酸二氢钾及多种掺混复合肥，常用的微肥有硫酸锌、硫酸亚铁、硫酸锰、硼砂、钼酸铵等。

根据土壤性状、肥料特性、作物营养特性、肥料资源等综合因素确定肥料种类，可选用单质或复混肥料自行配制配方肥料，也可直接购买配方肥料施用。

二、施肥时期

根据肥料性质和植物营养特性，适时施肥。植物生长旺盛和吸收养分的关键时期应重点施肥，有灌溉条件的地区应分期施肥。对作物不同时期的氮肥推荐量的确定，有条件区域应建立并采用实时监控技术。

三、施肥方法

常用的施肥方式有撒施后耕翻、条施、穴施等。应根据作物种类、栽培方式、肥料性质等选择适宜施肥方法。例如氮肥应深施覆土，施肥后灌水量不能过大，否则造成氮素淋洗损失；水溶性磷肥应集中施用，难溶性磷肥应分层施用或与有机肥料堆沤后施用；钾的施用应以底肥为主，配合追肥，把有限的钾肥施在含钾低的土壤和喜钾作物上；有机肥料要经腐熟后施用，并深翻入土。微肥的施用必须严格遵照技术要求，有效的方法是浸种、拌种、叶面喷施，有的也可直接施入土壤。

第六节　主要作物配方施肥技术

小麦玉米是满城县的主要粮食作物。根据小麦、玉米需肥规律和土壤养分状况提出以下施肥技术。

一、需肥规律和需肥量

（一）小麦

小麦正常生长发育需氮、磷、钾、铁、锌、铜、锰、硼等多种元素。在氮、磷、钾三要素中，相对需氮、钾较多，需磷较少。按照小麦需肥返青前较少，起身到扬花期间最多，以后又逐步减少的规律，在肥料使用上，应遵循“重施基肥和种肥，巧施追肥”的原则，合理调剂用量和时间。

需肥量。每生产 100 kg 小麦籽粒需要吸收纯氮 3 kg、五氧化二磷 1.3 kg、氧化钾 3 kg，氮、磷、钾吸收比例约为 2.3 ∶ 1 ∶ 2.3。根据土壤养分化验结果，适当调节三者的施用比例，缺什么施什么，做到吃饱不残留，吃好不浪费。

（二）玉米

夏玉米是需氮较多的作物，但是，随着氮肥投入量的增加，土壤养分供应失调，要想夺取玉米高产必须平衡施肥。不同产量水平、不同地力水平对氮、磷、钾的需求不一样，不同品种间也有差异。根据目前玉米生产上的施肥水平，存在着足氮缺磷、钾的问题。要想提高产量和品质，必须增加磷钾肥的投入，施肥上应掌握稳氮、补磷、增钾的原则。

二、主要作物的测土配方施肥技术

（一）小麦测土配方施肥技术

小麦测土配方施肥技术要点如下。

（1）增施有机肥　有机肥和化肥相比较，具有养分全面、改善土壤结构等优点，因此说保证一定的有机肥用量是小麦丰产丰收的基础，每公顷用有机肥 30 000 ～ 37 500 kg，多用更好。

（2）稳氮、控磷，增钾肥　对于满城县多数麦田来说，建议稳定现有氮肥用量，适当降低磷肥用量，合理增加钾肥用量。

（3）配方选择　依据不同地力，选用氮、磷、钾配方肥。

（二）夏玉米测土配方施肥技术

适宜的施肥时期和方法既要考虑玉米营养特点，又要考虑土壤水肥条件，以便及时有效地为夏玉米各生育期提供养分来源。磷、钾肥玉米苗期需求量大，一般在播种或苗期一次施入。氮肥的 30% ～ 40% 在玉米 5 ～ 8 片叶时施入，氮肥的 40% ～ 50% 在大喇叭口期追施，氮肥的 10% ～ 20% 在灌浆期追施，肥料施用时要注意深施。

第九章　耕地资源合理利用的对策与建议

第一节　耕地资源数量和质量变化的趋势分析

一、满城县耕地资源的现状

（一）耕地构成与布局

根据满城县统计局数据统计，2011 年满城县耕地面积 2.51×10^4 hm^2（含已划为保定市高开区的贤台乡），绝大部分为水浇地。全年蒸发量大于降水量，干旱较多。但是，农田灌溉设施齐全，形成了一大批旱涝保收的高产稳产田。

（二）耕地质量差异

满城县现有耕地中有高产田、中产田、低产田。其中，高产田 0.64×10^4 hm^2，占总耕地面积的 46%；中低产田面积为 9 716.84 hm^2，占总耕地面积的 38.7%。从布局看，高产田是满城县粮棉油作物生产的主要基地，分布在满城县各乡镇；中产田产量中等，但增产潜力很大，只要增加农业投入，改善农田利用设施，土壤质量和土地生产能力将明显提高；低产田面积不大，但产量低、基础设施差，土壤改良难度大。

二、宏观上影响耕地变化的因素

（一）资源

人均耕地资源多的国家，保护耕地资源的压力比较小，比如美国、加拿大、澳大利亚等国。美国自 1910—2000 年的农用地（包括耕地和牧草地）规模一直保持在 1.45×10^8 hm^2 左右。我国国土面积 960 万 km^2，耕地总资源居世界第四位，但人均占有耕地仅为 0.095 hm^2，不足世界平均水平的一半。

（二）政治经济体制

不同政治体制下，政府对土地控制的力度不同，对耕地资源保护程度也有所不同。据统计，英国千人建设用地占用数量是德国的 4 倍。这一特点与两个国家的历史传统有关。德国的联邦体制设置较多采用市场手段管理土地，而英国实行的是混合经济体制，政府在土地管理中占重要地位。

（三）经济发展规模

经济发展规模可以用 GDP 和人均 GDP 来表示。研究表明，人均 GDP 在 1 000～

3 000 美元，经济处于快速发展时期，相应的建设占用耕地也处于高峰时期。

（四）经济发展阶段

经济发展阶段可以用三次产业结构的变化、三次产业的劳动力分布以及城镇化水平来判断。就产业结构而言，第一产业下降到 10% 左右，并且工业的比重高于服务业，是进入工业化中期的标志。就城市化水平而言，在工业化的初级、中级和高级 3 个阶段，城镇人口的比重分别为 30%、60% 和 70% 以上。统计表明，工业化中期阶段是建设占用耕地的高峰期。不同国家在工业化阶段都经历了这个历程。比如日本在 1960 年、1970 年和 1980 年的耕地减少数量分别为 0.5×10^4 hm^2、5.3×10^4 hm^2、1.3×10^4 hm^2，而在 1980 年以后每年的减少量为 1.5×10^4 hm^2 左右。表明工业化的完成与建设占用耕地的减少具有一致性。

我国正处于“十二五”发展期间，经济快速发展，这些影响着我国耕地变化的因素以及我国耕地的实际情况，对满城县耕地变化影响也很深远。

三、满城县耕地变化动态

（一）耕地数量变化趋势

一是建设占用耕地。建设占用是耕地数量减少的主要原因。当前，正是满城县城市化和工业化加速发展的重要时期，将迎来人口高峰、工业化高峰。“高峰”的到来必然要求以大量用地为支撑，从而形成对用地的刚性需求。二是补充耕地。满城县耕地占补平衡制度将会继续得到严格的实施，但是通过土地开发整理完成补充耕地的难度将越来越大。宜耕后备土地资源面积不大，开发整理的难度较大，满城县主要开发、整理、补充耕地潜力在农村居民建设用地，但是农村居民点整理难度大，成本高，使得今后补充耕地难度将逐步加大，成本逐渐提高。

综上所述，满城县耕地数量依然呈减少趋势，建设占用耕地仍将是导致耕地减少的主要因素。

（二）耕地质量变化趋势

随着工业化进程的加快和工业发展的转型，工业“三废”增加、化肥和农药污染、生活垃圾污染也呈扩张之势，导致了土壤环境质量的恶化，成为影响耕地总体质量提高的主要限制因素。但是，另一方面，也存在影响耕地质量提高的积极因素，主要表现在以下几个方面：一是农业在国民经济中的基础地位越来越受到重视，国家将逐步加大对农业的投资力度和对满城县等粮食主产区的扶持力度；二是满城县将以区域化布局、规模化生产和产业化经营为方向，继续实施优质粮食产业工程、大型商品粮基地和农业综合开发工程，打造粮食生产核心区；三是满城县将加强废水废弃物和固体污染物的控制、治理和综合利用；四是将继续实施“沃土工程”，推广测土配方施肥技术，推进基本农田整治工作。这些有利因素的存在，将在不同范围内、不同程度地促进耕地质量的提高。因此，满城县耕地质量的提高主要受三废污染物的制约，但同时又得益于农业投资力度的加大和污染防治与治理，损益相抵，预计耕地质量在总体上将有不同程度的提高。

第二节　耕地资源利用面临的问题

“民以食为天，食以地为本”，人们生存要以食物为基础，而生存所需最基本的食物——农产品，又必须从耕地中获取营养。耕地是具有肥力、能生长农作物的土地，它提供着人类生产生活所必需的原料。可以说，耕地是人类赖以生存的食物的“粮食”。然而，当前各地城镇建设的占用、耕地被污染等，使适合农作物生长、可用于耕种的土地持续减少，如不采取有效措施来保护耕地数量，提高耕地质量，实现耕地总量动态平衡，将直接危及社会的稳定和可持续发展。

一、满城县耕地资源态势

满城县人多地少，人均耕地面积 0.06 hm^2。在现有耕地中，耕地质量总体上处于中等水平偏上，一级地占到 14.3%、二级地占到 47%，其余为中产田和低产田，耕地质量总体上为中等水平，可开垦的后备耕地资源有限，提高粮食产量的最有效途径是改良利用中低产产田。

二、满城县耕地资源存在的问题

（一）耕地总量不断减少

城市化水平的不断提高不仅意味着城市面积的不断扩大，而且意味着城市发展对耕地资源的需求日益增大。规范的城市化能在很大程度上带动就业，改善人们的生活，促进社会的进步与发展。但是，目前城市化中的盲目性直接造成了大量耕地的浪费和破坏。在全国建设热潮的带动下，满城县也出现了开发区建设热、房地产开发热，对满城县耕地的急剧减少起了推波助澜的作用。

满城县减少的耕地主要是质量好的耕地，而增加的耕地主要是质量较差的边际土地。耕地面积的减少主要有以下几点：一是建设占用耕地。建设占用是耕地减少的主要原因。二是耕地改园地。耕地面积增加主要是近年来荒地开垦，这些耕地产量低而不稳，退耕的危险很大。

（二）耕地退化，质量不断下降

耕地退化是指人类对耕地的不合理利用而导致耕地地力下降的过程，通常表现为耕地土壤利于农作物生长的物理、化学与生物等方面特性的下降。自 20 世纪 80 年代以来，满城县实施了大面积土壤改良，90 年代实施了建设高产稳产农田的战略行动，对改善耕地质量，发展农业生产，产生了重大影响。90 年代后期，长期短缺的化肥供应问题已经解决，新一轮种植业结构调整改变了长期的种植制度和作物布局。高投入、高产出、高效益理念导致了过量施用化肥等问题发生，设施农业的兴起但技术配套不完整等农业生产中的新问题，使耕地质量发生了新的变化，出现了新的土地质量问题 。

在现有耕地中，有相当一部分耕地由于有机肥投入不足，化肥施用不平衡，造成耕地退化，耕层变浅，耕性变差，保水、保肥能力下降，重使用轻养护，产出水平低。满城县多是可灌溉的高产稳产农田，耕地质量下降原因主要有以下几点。

1. 耕地土壤污染

化肥、农药、农膜的大量使用，使耕地中有机废弃物含量高，污染了农田环境，恶化了土壤结构，不仅影响农作物产量，而且影响农产品的质量达标和市场准入。地表水污染严重，经农作物有害物质的吸附效应和生物链的传递累积，最终影响到人类的健康。此外工矿企业、乡镇企业、建设工程项目的排污、倾渣占压土地、破坏灌溉和生态植被，造成土质恶化，地力退化，有的甚至使农业生产无法进行。上述因素造成农田环境污染不断积累和加重，并构成了从水体—土壤—生物—大气的全方位污染，给包括粮食等关乎国计民生在内的各种农产品产量和质量带来负面影响。

2. 耕地使用不合理

由于利益比较低下，农民外出打工积极性高，农民培肥地力的积极性不高，投入不足，用地不养地，将好地荒废。

3. 盲目增施肥料

目前，农业生产条件和土地利用方式已发生了很大变化，但作物施肥仍使用土壤普查资料做指导。加之当前农民在生产过程中为追求高产量、高收益，普遍采取高投入，大量施用氮磷化肥和未腐熟有机肥，使部分菜地富营养化。

4. 种植结构单一

当前，农业生产发展到了专业化生产，长时间连续单一种植某一种作物，多年不变，极易导致土壤养分失调、土壤酸化等一系列问题。

5. 土壤次生盐渍化

保护地菜田土壤可溶性盐含量过高是设施蔬菜栽培中普遍存在的问题，是限制蔬菜生产、影响保护地土壤持续利用的主要因子。保护地栽培条件下土壤次生盐渍化的主要特点之一是硝酸盐积累，保护地表层土壤中的硝酸根约占阴离子总量的 67% ～ 76%。氮素是土壤中最主要施用的化肥（尤其是氮肥），这在获得高额产量的同时，也带来一些负效应。在缺少降水淋洗的半封闭条件下，残余的氮肥大部分以 NO^{-3}-N 的形态滞留在土体中，导致土壤次生盐渍化。

（三）耕地监管不严，闲置率高

我国制定了《农业法》、《土地法》、《基本农田保护条例》等一系列法律、法规，并在刑法中增加关于保护耕地的法律条文，部分省区还制定了相应条例、办法，在一定程度上规范了耕地保护、利用行为，但部分人员对耕地保护意识的淡薄，造成了法律执行困难。同时由于部分地区国土执法部门监管不严，降低了耕地保护相关法律的权威。建设盲目性造成大量耕地被占用而又未开发利用，造成耕地严重浪费。

（四）耕地后备资源不足

满城县大部分土地已被开垦为农田，所留后备耕地不多。

三、满城县耕地资源现状带来的问题

一是农产品成本高，效益低。生产同样多的产品，低肥力土壤要施用更多的肥料，土壤耕性不良或缺水干旱，都需要增加劳力、机械或水的投入。高投入、低产出使农民难以脱贫致富。二是科技进步的作用削减。许多作物品种优良，由于土壤肥力低下，难以发挥生产潜力达到预期产量。因此不提高耕地质量，仅靠作物品种和栽培技术的提高，往往也只是事倍功半且难以取得成效。三是农产品的质量安全受影响。农产品的污染影响农产品的出口，影响人民的身体健康。四是生态环境恶化加速。如土壤结构不良，土壤保肥力差，肥料易于流失，且污染水体和空气。

第三节　耕地资源合理利用的对策与建议

农业是国民经济的基础，耕地则是基础的基础。也是我国农业及社会持续发展的基础。党的十六届三中全会指出，“要实行最严格的耕地保护制度，保证国家粮食安全，保护提高粮食综合生产能力，说到粮食，必须以稳定一定数量的耕地为保障”。切实保护好耕地，就要保护耕地数量与提高耕地质量，实现耕地的可持续利用。耕地资源的可持续利用对于保障国家粮食安全、全面建设农村小康社会、实现社会的稳定和谐具有重要意义。

一、合理利用耕地资源的必要性

（一）合理利用耕地资源是农业发展的需要

当今社会迈入了 21 世纪，正走向信息化时代，但农业作为原始而古老的产业，有着其他产业无法替代的作用。

1. 耕地是食物供应的“基地”

我国 85% 的食物由耕地提供，95% 以上的肉、蛋、奶由耕地提供的产品转化而来。在相当长的时间内，粮食生产仍将是我国农业生产的主体，在 21 世纪，保障粮食安全是我国农业生产的首要任务。目前粮食问题备受中央关注，据国家统计局公布数据，1999—2001 年粮食产量连续 3 年减产，2002 年仍是产不足需，2003 年粮食总产 4 306.5 亿 kg，比上年减少 264 亿 kg，减少 5.8%，但是粮食需求却不断增加，所以必须要保护粮食综合生产能力。今年中央通过粮食直补、良种补贴、保护价收购等一系列措施切实加大了粮食生产力度，力争全年粮食生产总量达到 4 550 亿 kg。为实现这一目标，首要的、最根本的应是从耕地数量和质量上保证这一目标的实现。

2. 耕地是作物生长的源泉

土地对于一切物质财富的生产，虽然都是不可缺少的必要条件，但是在农业生产中却具有特殊的重要意义和作用。第一，农业是直接利用植物的生命力和太阳能进行生产的部门，这就要求它必须使用大面积的耕地；第二，在其他生产部门中（除采掘业外），土地不过是一个立足和活动的场所，但在农业中，土地不仅是一个立足和活动的场所，而且农作物还以其自身的物理性质、化学性质、生物学性质必须从土壤中吸取营养，供应其生长发育。

（二）耕地是有限的不可再生资源

所有其他生产资料都是人们的劳动可以创造、增加的东西，而耕地则是大自然本身的产物，人们可以改良已有的耕地，也可以把荒山、河滩、沼泽等改造成良田，但不可能创造比土地面积更多的耕地，而且耕地位置不可移动，因此这就决定了农业生产用地的恢复有很大地域局限性。所以，耕地是一种特别珍贵、数量有限、不可再生的生产资料，这就要求在社会发展、农业生产中必须特别重视耕地的保护，充分合理利用好耕地。

（三）耕地是维持农村稳定、社会发展的基础

农业是国民经济发展的基础，我国虽实现了农产品严重短缺到供求总量基本平衡丰年有余的历史性跨跃。然而我国是一个人口大国，粮食问题始终是各级政府应考虑的战略性问题。因此农业仍然是我国保持经济发展和社会稳定的基础，仍然要始终把农业放在发展国民经济的重要位置。

我国有8亿人口生活在农村，农村土地实行集体所有制，土地生产是他们主要就业途径和收入来源，只有农村保持稳定才能促进社会的发展。耕地是最基本的生产资料，是农民的命根子，也是生活最基本最可靠的保障，减少一亩耕地，农民就减少一亩生存“地”，就减少一份生活的保障，增加一份社会不稳定因素。耕地保护是保障群众生活的一个突出问题，也是摆在各级政府面前的必须切实予以解决的一个重大而又现实的问题。

二、满城县实现耕地可持续利用的途径

（一）加大宣传力度，提高人们耕地保护意识

通过电视、广播、报纸等大众媒体多途径、宽渠道地广泛深入宣传《中华人民共和国农业法》《中华人民共和国土地法》《基本农田保护条例》等与耕地保护有关的法律、法规及保护耕地对耕地可持续利用、人类可持续发展的重大现实意义，让所有人都真正明白耕地是人类之母，是有限资源，意识到当前耕地保护的意义和紧迫性，必须采取有效措施加以保护才能维护社会的长远发展，是关系到自己切身利益的大事。形成全社会共同遵守耕地保护的相关法律法规及以各种实际行动加强耕地保护的良好社会氛围。

（二）强化土地利用规划，提高征用补偿标准

当前满城县很多地方不能很好处理城镇化进程与耕地保护的矛盾，挤占了大量的耕地。为保护好耕地，县政府要制定土地利用规划，强化规划对建设用地总量的控制，把对耕地占用规模限制在规划数量、范围之内，严禁随意占用耕地行为的发生。因经济、社会发展需要确需调整规划，占用规划外耕地的，必须按法定程序进行，国家重点建设也应尽量节省用地，减少对耕地的征用。同时减少非生产性建设项目占用耕地的审批。在征用耕地时，对农民补偿费用少，征用成本低，一些企业特别是一小部分资金实力雄厚的大企业和私营老板，看到了土地市场的增值潜力后，在各地巧立名目，变相圈地，形成增值分配的不合理，这样就进一步促进了一些企业的变相圈占耕地的积极性，大势圈占耕地。

（三）加强耕地监管，保护耕地资源

一是，加大对国土管理干部的培训力度，提高管理干部的素质，以便及时发现、研究和处理耕地利用与保护中出现的新情况、新问题和对耕地违法现象进行严格执法。二是，加强对耕地资源的统一管理，依法管理耕地，特别是基本农田的保护，要切实予以保障，防止出现建设用地审批不严，乱占滥用，破坏耕地和不批就用，多批少用，少批多占等违法、违规行为的发生。三是，加大综合防治农村农业环境污染，提高乡镇企业环保意识和能力，努力消除“三废”污染。防止耕地污染事件的发生，同时加大对耕地污染事件的查处力度。强化农村生活废弃物的综合治理，改善农村生态环境。

（四）加大投入，提高耕地质量

1. 合理利用耕地，提高耕地肥力

作为农业生产资料的耕地，只要合理利用，大力推广保护性耕作技术，秸秆还田技术、施用有机肥、轮作、种植绿肥等，不断培肥土壤肥力。调整种植业结构，因地制宜发展生产，提高耕地的产出效益。与此同时增加投入，加强中低产田的改造。

2. 加强自然灾害防治，改善耕地环境

在当前科学技术水平下，农业生产很大程度上取决于自然条件。满城县旱灾频繁发生，应采取以下措施：一是通过加强水利基础设施建设，如排灌沟渠硬化、增加排灌设施等，提高防预自然灾害的能力。二是深耕与增施有机肥相结合，改善土壤的化学性能和物理结构，增强土壤抗旱能力。三是积极推广抗旱栽培技术，如推广抗旱播种技术、耕作保墒技术、覆盖保墒技术、培育抗旱的作物品种等。四是大力发展节水灌溉技术，因地制宜布设低压输水管道，发展喷灌、滴灌技术，节约水资源。

3. 进一步加强平衡施肥技术推广

各地各级农业部门要充分利用科技三下乡活动、科普日、农民科技协会等各种手段，因地制宜，分类指导，利用耕地肥力变化动态情况及时调整指导大面积平衡施肥技术，进一步扩大平衡施肥推广面积。这是避免大面积耕地富营养化现象扩散的主要技术措施。只要认真坚持下去，就会起到“节支、增产、增收又保护环境”的良好作用。

4. 发展生态农业

农业科技特别是农业高新技术的推广和应用，能使农业增长从单纯依靠资源和环境转移到依靠科技进步和提高劳动者素质上来，从而实现耕地资源的持续利用。生态农业是在中国国情特点下产生的农业可持续发展模式，它体现了生态与经济协调的可持续发展战略。耕地资源的相对缺乏以及人口的巨大压力，客观上要求满城县农业必须走一条资源节约及合理利用的道路。发展生态农业、合理利用和保护耕地资源，有利于促进农业增长方式的转变。发展生态农业，确保食品卫生安全，有利于提高广大人民群众的生活质量。发展生态农业、改善农产品品质，有利于提高我国农产品的国际市场竞争能力。发展生态农业，对于调整农业和农村经济结构，改善生产条件，保护生态环境，实现农业生态良性循环和农村经济可持续发展，都具有十分重要的意义。

（五）控制人口增长，提高人口素质

有效控制人口增长，才能有效控制土地需求的膨胀，促进耕地的有效利用。县政府应下定决心，采取坚决措施，转变人们的观念，切实降低人口增长率。强化人口再生产的计划意识，并将其纳入法治化轨道，强化农村的计划生育管理工作。

（六）加强后备耕地资源的开发和整理

土地后备资源的开发和整理，是实现耕地占补平衡的基本途径。荒草地、滩涂和其他未利用地是本县新增耕地潜力的主要来源，应及时对其进行开发和整理，通过“开源”与“节流”有机配合，最大限度地确保耕地占补平衡。

主要参考文献

[1] 鲍士旦. 2000. 土壤农化分析 [M]. 北京：中国农业出版社.

[2] 丁鼎治. 1992. 河北土种志 [M]. 石家庄：河北科技出版社.

[3] 樊燕. 2008. 梁平县耕地地力评价研究 [D]. 重庆西南大学.

[4] 国家农业部. 2007. 测土配方施肥管理与技术培训教材 [M].

[5] 河北省土壤普查办公室. 1984. 满城县第二次土壤普查成果资料 [M].

[6] 黄昌勇. 2000. 土壤学 [M]. 北京：中国农业出版社.

[7] 贾文竹编著. 2004. 耕地地力调查与质量评价技术 [M]. 北京：中国农业出版社.

[8] 陆景陵. 2003. 植物营养学 [M]. 北京：中国农业大学出版社.

[9] 吕英华. 2002. 测土与施肥 [M]. 北京：中国农业出版社 .

[10] 满城县地方志编纂委员会. 1997. 满城县志 [M]. 北京：中国建材工业出版社.

[11] 全国农业技术推广服务中心，中国农科院农业资源与区划所. 2008. 耕地质量演变趋势研究 [M]. 北京：中国农业科学技术出版社 .

[12] 全国农技推广中心编著. 2005. 耕地地力调查与质量评价［M］.

[13] 孙祖琰，孙全先，周起如，等. 1986. 河北省土壤锰的含量与分布［J］. 华北农学报：54-60.

[14] 李丽霞. 2005. 微肥对作物产量、品质的影响及其生态环境效应 [D]. 杨凌：西北农林科技大学.

[15] 李芳红. 2006. 浅谈种植业结构调整［J］. 甘肃农业，106.

[16] 鲁明星. 2007. 湖北省区域耕地地力评价及其应用研究［D］. 武汉：华中农业大学.

[17] 林鹏生. 2008. 我国中低产田分布及增产潜力研究 [D]. 北京：中国农业科学院.

[18] 王瑞燕，赵庚星，李涛，等. 2004. GIS 支持下的耕地地力等级评价［J］. 农业工程学报，307-310.

[19] 马良俊. 2007. 湖北省耕地资源数据库建设及其 WebGIS 应用研究［D］. 武汉：华中农业大学.

[20] 苗洁. 2007. 基于 GIS 的武汉市汉南区耕地主要农化性状的历史变迁研 究［D］. 武 汉： 华 中 农 业大学 .

[21] 许月卿，李秀彬. 2002. 河北省耕地数量减少原因及对策研究 [J]. 自然资源学报：123-128.

[22] 杨光立，李林，刘海军，等. 2000. 调整种植业结构—建立粮、经、饲三元种植结构技术体系 [J]. 作物研究，22-25.

[23] 杨占朝. 2011. 耕地可持续发展利用思考 [J]. 南方农业，78-81.

[24] 张瑞芳，赵家发，周大迈，等. 2007. GIS 支持的河北省太行山区的农业生态分区 [J]. 中国农学通报，445-449.

[25] 张燕. 2009. 我国中低产田改造现状及对策建议（基于保障我国粮食安全的研究）[D]. 重庆：西南财经大学.

附　图

附图1　满城县取土点位图

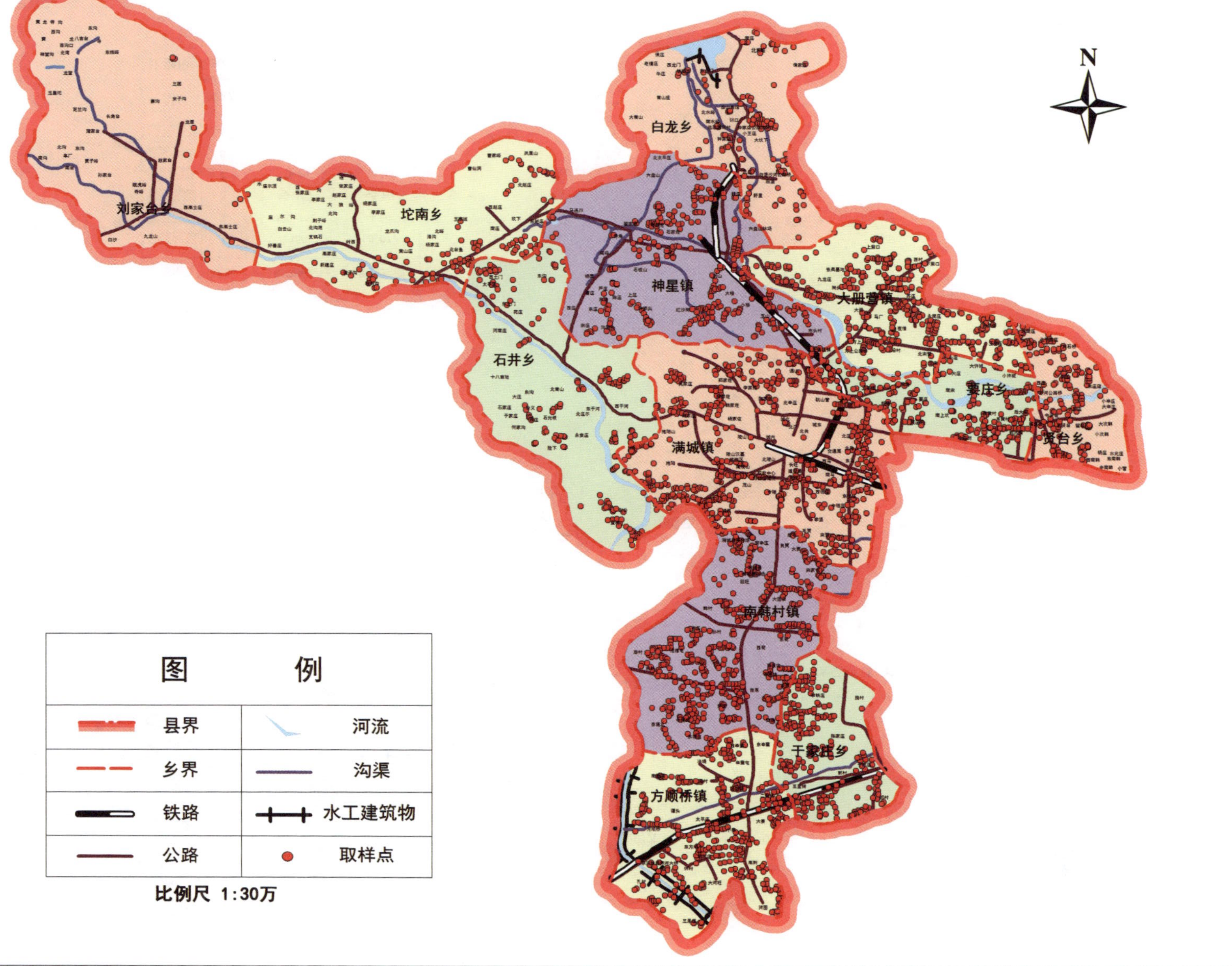

投影方式：高斯-克吕格
坐标系：北京1954

编制时间：2013. 03　编制单位：满城县农业局　河北农业大学河北省山区研究所

附图2　满城县土壤水解性氮等值线图

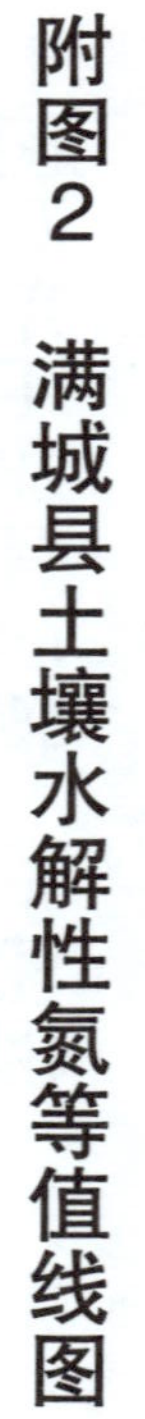

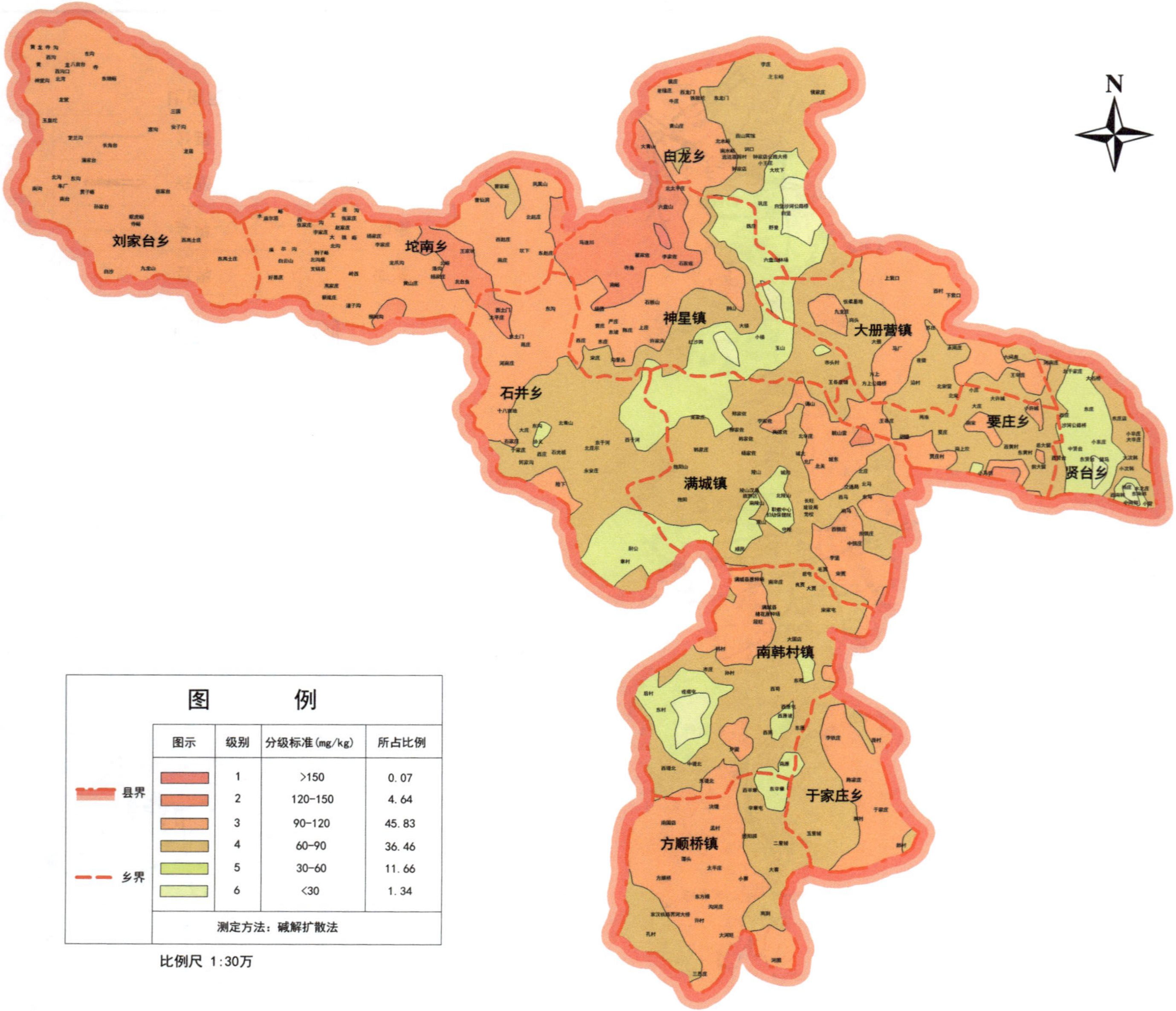

图　例

图示	级别	分级标准(mg/kg)	所占比例
	1	>150	0.07
	2	120-150	4.64
	3	90-120	45.83
	4	60-90	36.46
	5	30-60	11.66
	6	<30	1.34

测定方法：碱解扩散法

比例尺 1:30万

投影方式：高斯-克吕格
坐标系：北京1954

编制时间：2013.03　编制单位：满城县农业局　河北农业大学河北省山区研究所

附图3　满城县土壤有效磷等值线图

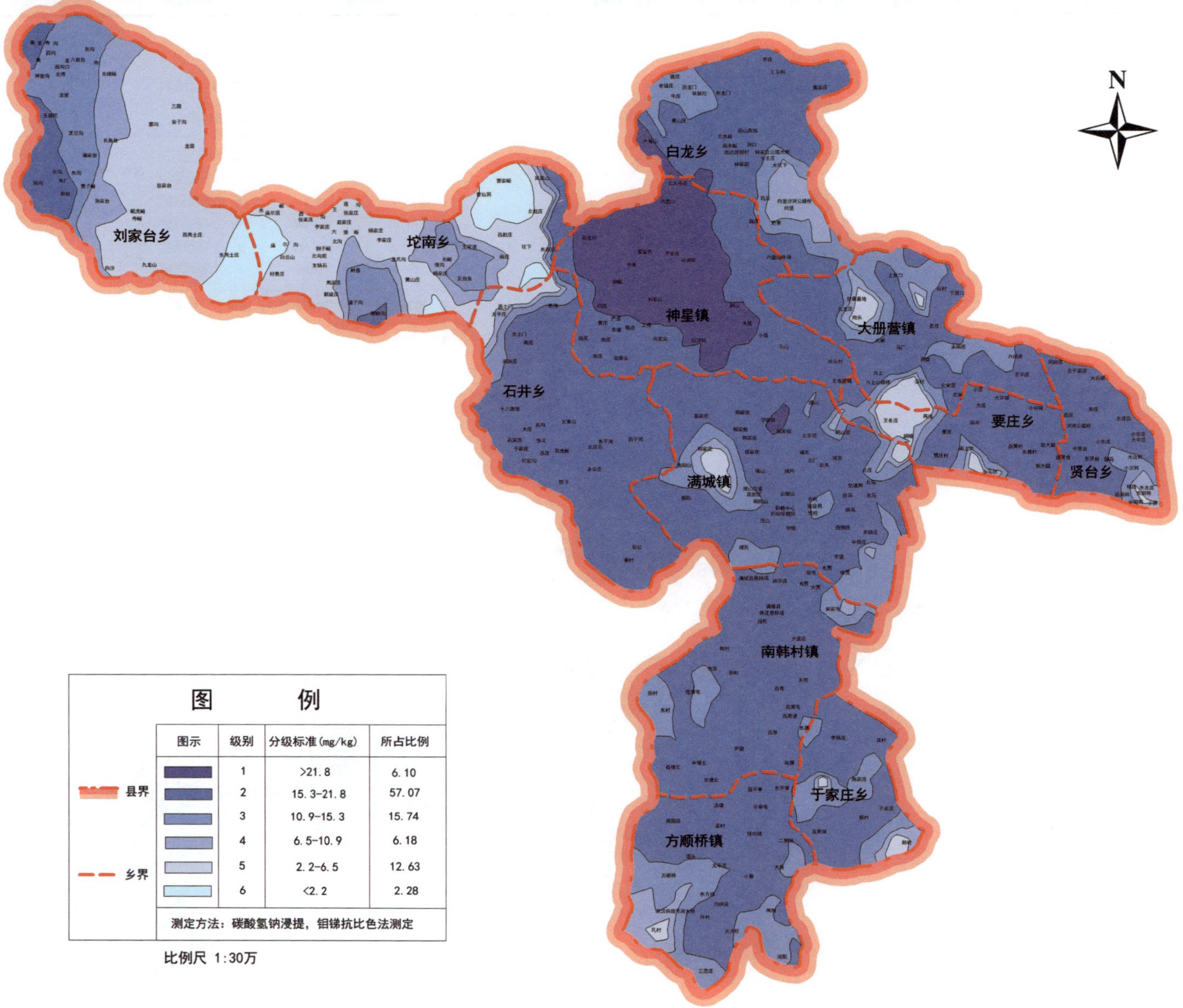

图　例

图示	级别	分级标准(mg/kg)	所占比例
	1	>21.8	6.10
	2	15.3–21.8	57.07
	3	10.9–15.3	15.74
	4	6.5–10.9	6.18
	5	2.2–6.5	12.63
	6	<2.2	2.28

测定方法：碳酸氢钠浸提，钼锑抗比色法测定

县界

乡界

比例尺 1:30万

投影方式：高斯-克吕格
坐标系：北京1954

编制时间：2013.03　编制单位：满城县农业局　河北农业大学河北省山区研究所

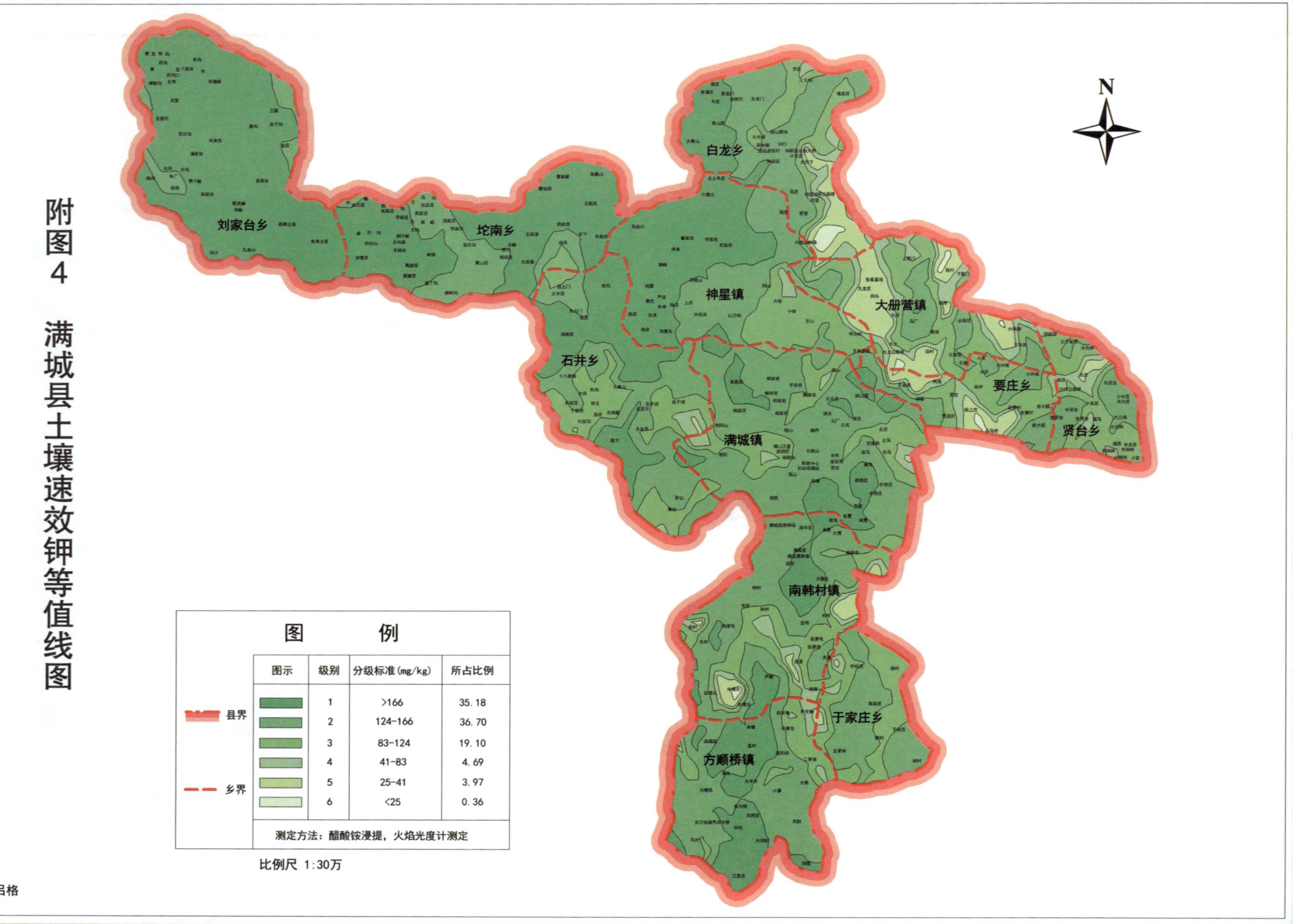

图示	级别	分级标准(mg/kg)	所占比例
	1	>166	35.18
	2	124-166	36.70
	3	83-124	19.10
	4	41-83	4.69
	5	25-41	3.97
	6	<25	0.36

附图4　满城县土壤速效钾等值线图

附图5 满城县土壤有机质等值线图

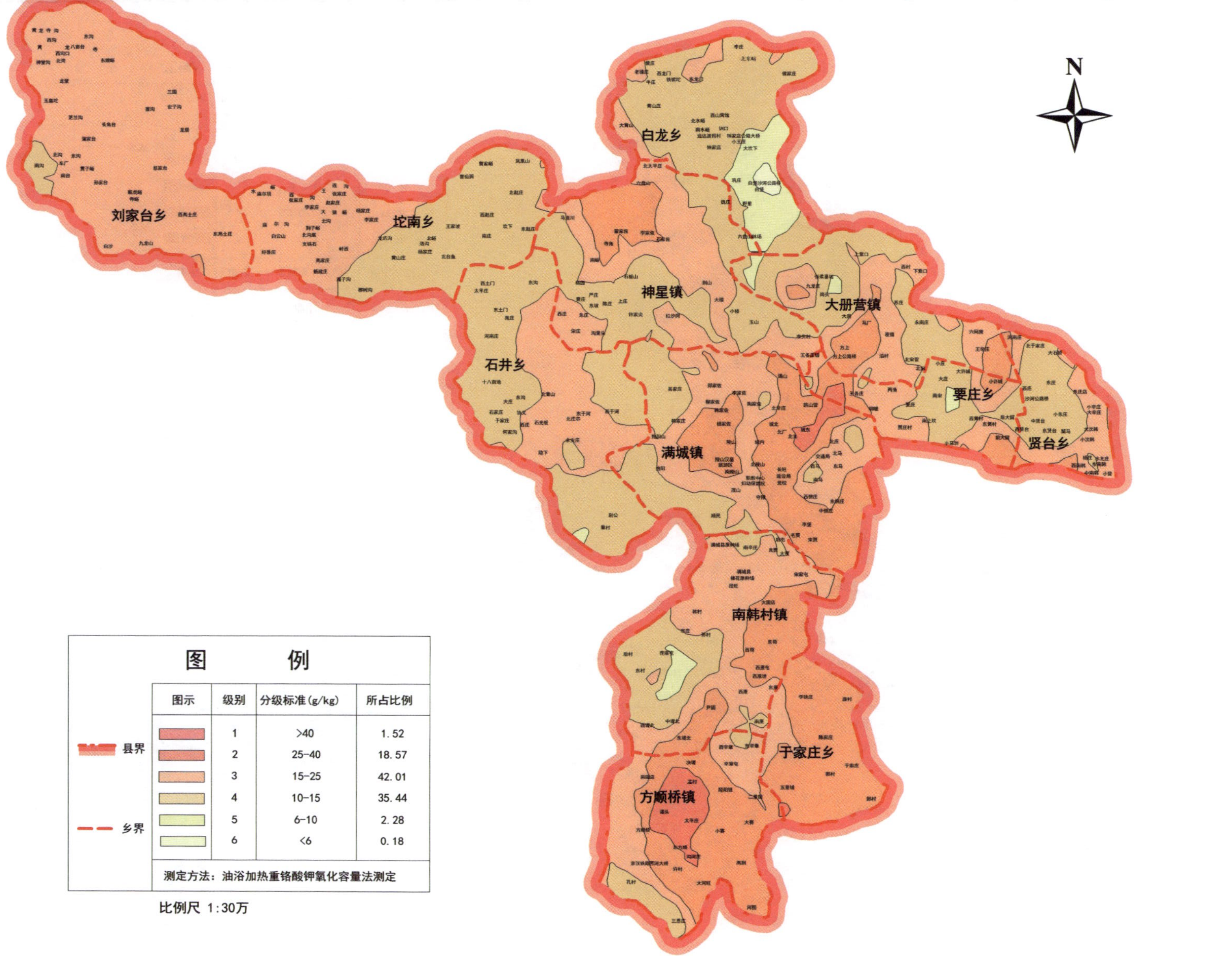

图例

图示	级别	分级标准(g/kg)	所占比例
	1	>40	1.52
	2	25–40	18.57
	3	15–25	42.01
	4	10–15	35.44
	5	6–10	2.28
	6	<6	0.18

测定方法：油浴加热重铬酸钾氧化容量法测定

比例尺 1:30万

投影方式：高斯-克吕格
坐标系：北京1954

编制时间：2013.03　编制单位：满城县农业局　河北农业大学河北省山区研究所

附图6　满城县土壤有效铜等值线图

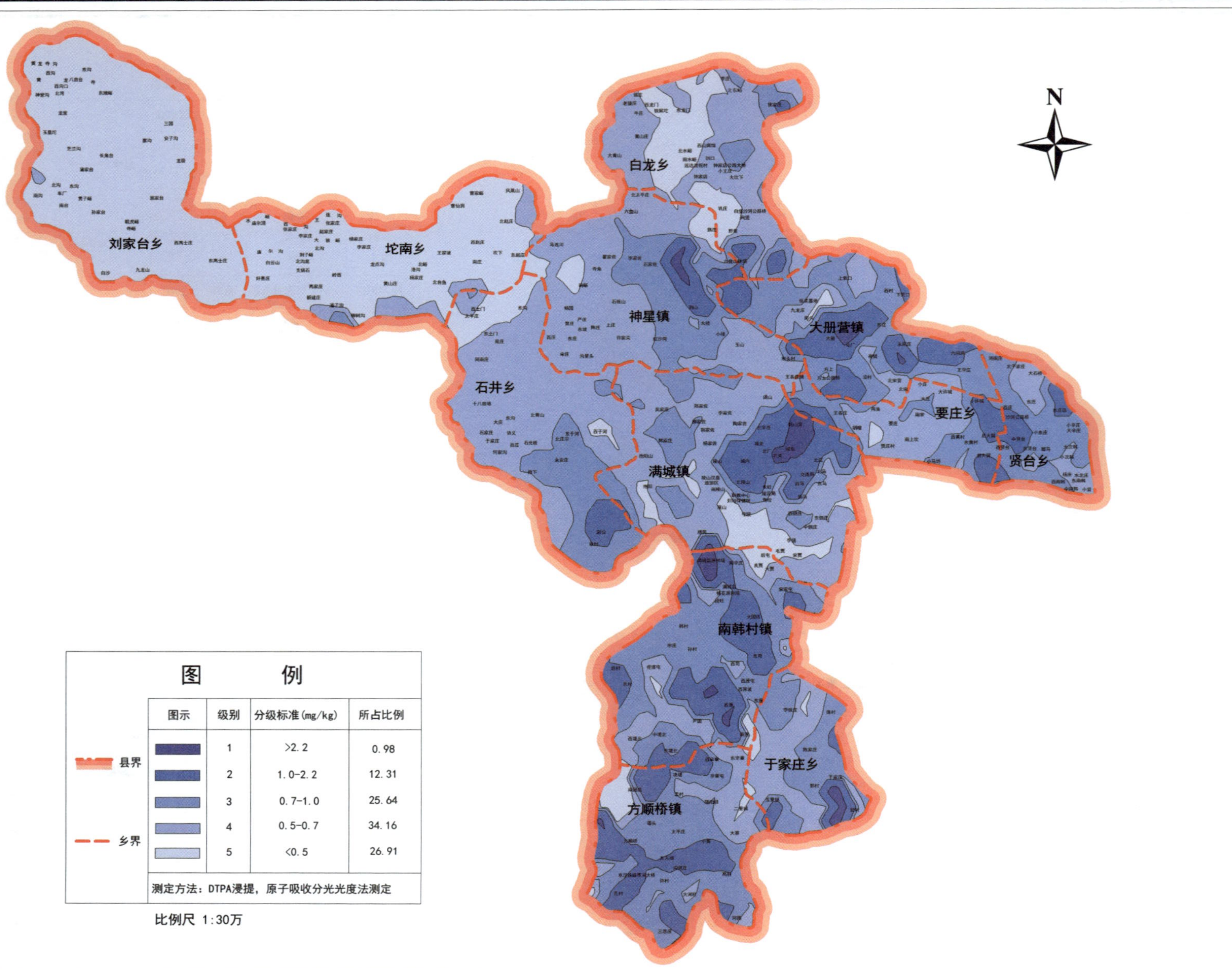

编制时间：2013.03　编制单位：满城县农业局　河北农业大学河北省山区研究所

附图7 满城县土壤有效锌等值线图

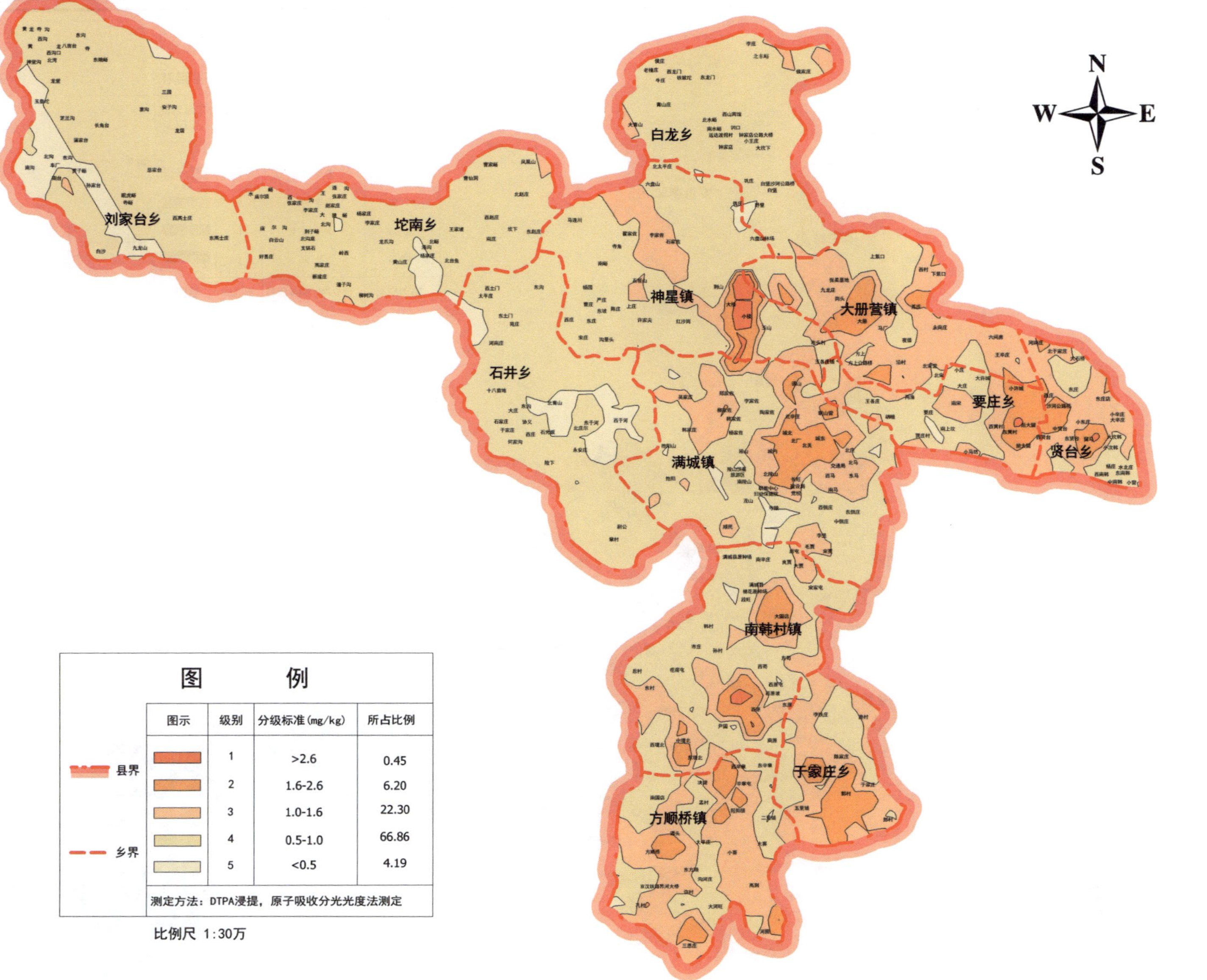

图 例

图示	级别	分级标准(mg/kg)	所占比例
	1	>2.6	0.45
	2	1.6-2.6	6.20
	3	1.0-1.6	22.30
	4	0.5-1.0	66.86
	5	<0.5	4.19

测定方法：DTPA浸提，原子吸收分光光度法测定

比例尺 1:30万

投影方式：高斯-克吕格
坐标系：北京1954

编制时间：2013.03　编制单位：满城县农业局　河北农业大学河北省山区研究所

附图8　满城县土壤有效铁等值线图

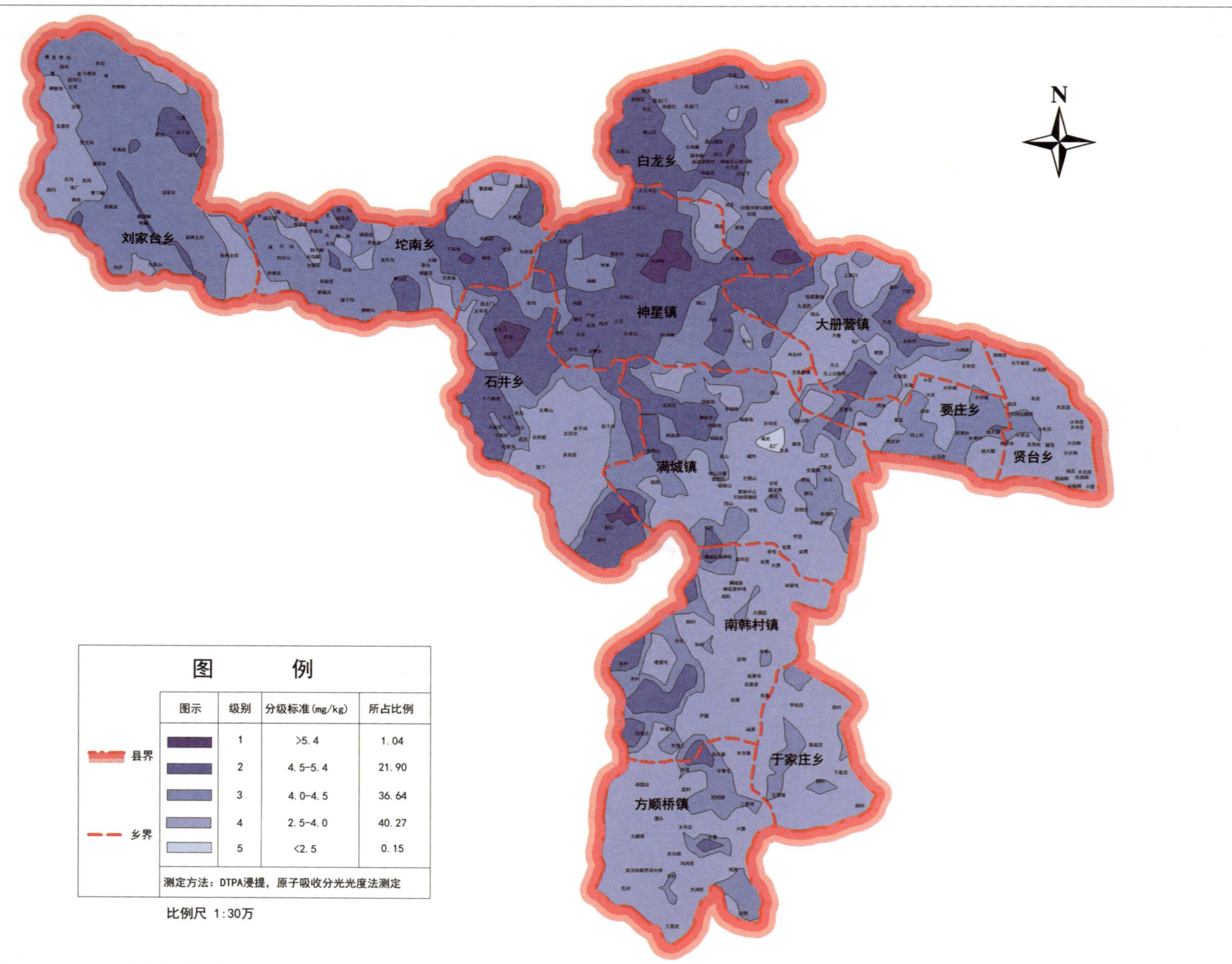

图示	级别	分级标准(mg/kg)	所占比例
	1	>5.4	1.04
	2	4.5–5.4	21.90
	3	4.0–4.5	36.64
	4	2.5–4.0	40.27
	5	<2.5	0.15

测定方法：DTPA浸提，原子吸收分光光度法测定

比例尺 1:30万

投影方式：高斯-克吕格
坐标系：北京1954

编制时间：2013.03　编制单位：满城县农业局　河北农业大学河北省山区研究所

附图9 满城县土壤有效锰等值线图

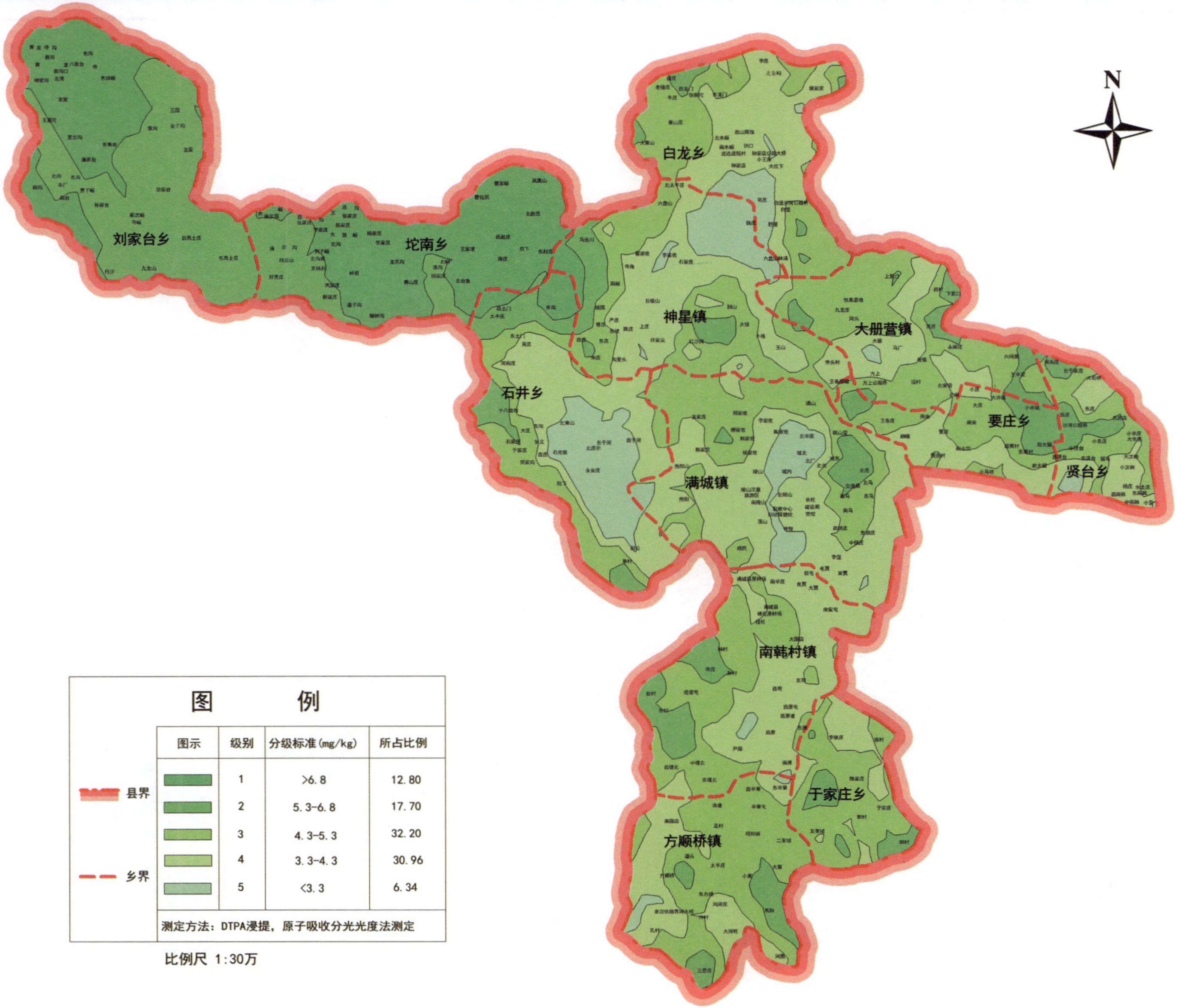

N

刘家台乡
坨南乡
白龙乡
神星镇
大册营镇
石井乡
满城镇
要庄乡
贤台乡
南韩村镇
于家庄乡
方顺桥镇

图例

县界
乡界

图示	级别	分级标准(mg/kg)	所占比例
	1	>6.8	12.80
	2	5.3-6.8	17.70
	3	4.3-5.3	32.20
	4	3.3-4.3	30.96
	5	<3.3	6.34

测定方法：DTPA浸提，原子吸收分光光度法测定

比例尺 1:30万

投影方式：高斯-克吕格
坐标系：北京1954

编制时间：2013.03　　编制单位：满城县农业局　河北农业大学河北省山区研究所

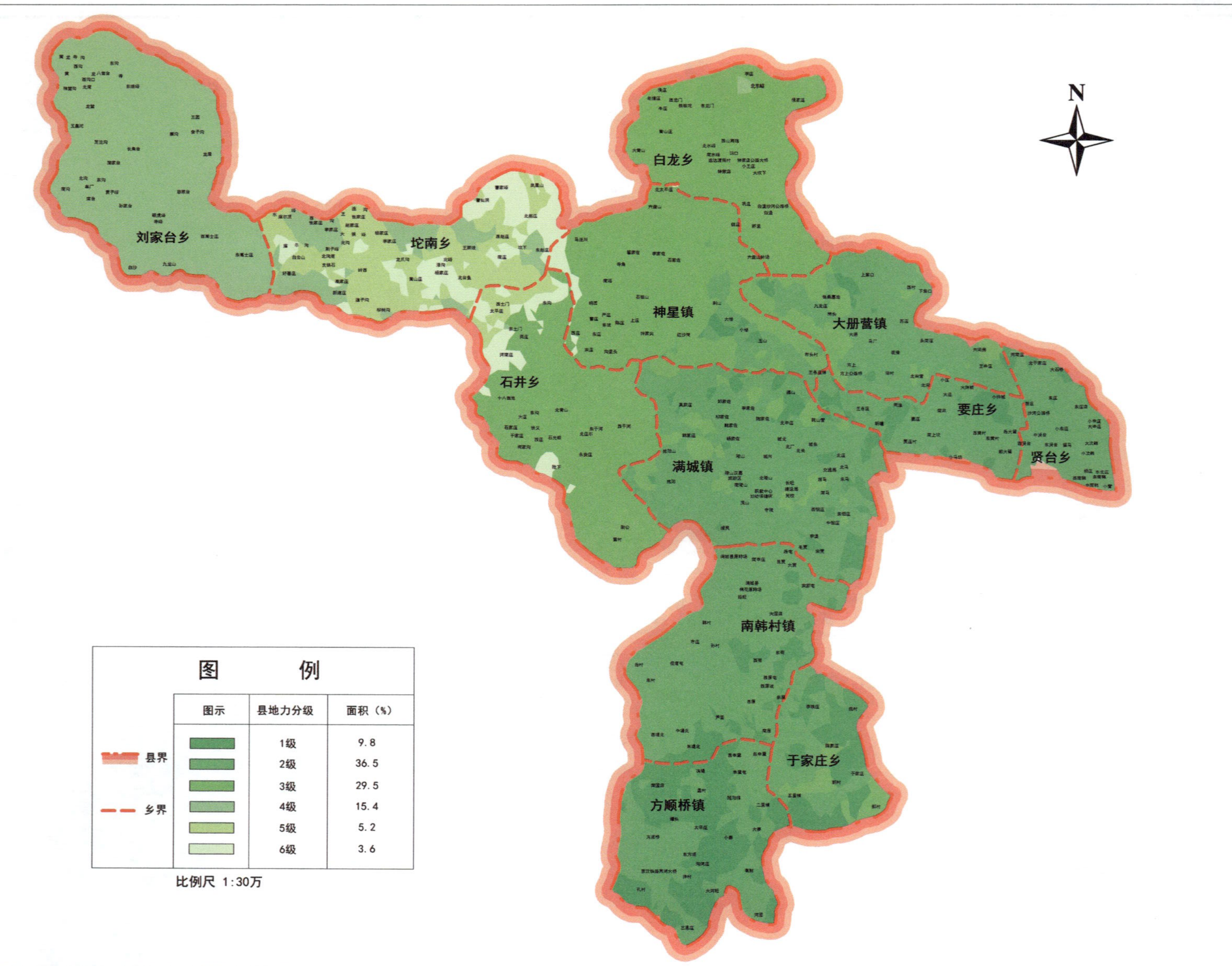

附图10 满城县耕地地力分级图

编制时间：2013.03 编制单位：满城县农业局 河北农业大学河北省山区研究所

附图11　满城县耕地适宜性分区图

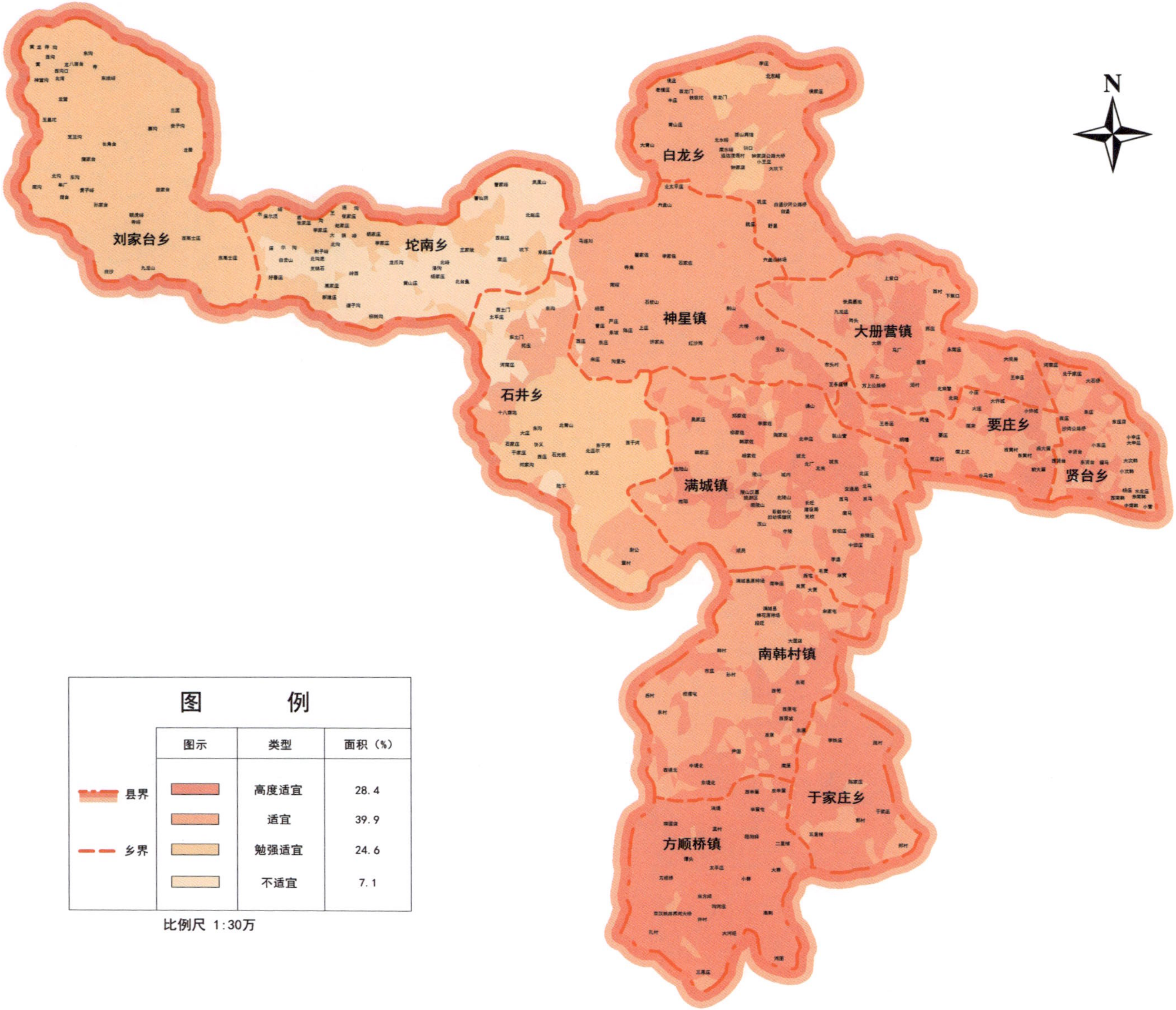

N

刘家台乡
坨南乡
白龙乡
神星镇
大册营镇
石井乡
要庄乡
贤台乡
满城镇
南韩村镇
于家庄乡
方顺桥镇

图　　例

图示	类型	面积（%）
	高度适宜	28.4
	适宜	39.9
	勉强适宜	24.6
	不适宜	7.1

县界
乡界

比例尺 1:30万

投影方式：高斯-克吕格
坐标系：北京1954

编制时间：2013.03　　编制单位：满城县农业局　河北农业大学河北省山区研究所